서울 리뷰 오브 북스

Seoul
Review of
Books
2025 겨울

20

누가 여성을 두려워하랴

「편집실에서」를 쓰면서 먼저 이 글의 제목에 대해 말하고 싶다. 《서울리뷰오브북스》(이하《서리북》) 편집위원들과 책을 결정하고 논의를 진행하면서 물리적 공간인 '편집실'을 상상해 보는 것은 처음이다. 종이 매체의 변화와 AI의 등장에도 여전히 글을 만지고 수정하며 더 나은, 세밀한 변경 과정을 거치는 장소는 '편집실'이다.

이번 호는 '여성'을 다룬다. 표지에 등장한 깃발의 보라색은 여성의 권리를 상징한다. 1900년대 초 영국에서 일어난 여성 참정권 운동부터 지금까지 보라색은 전 세계적으로 여성 운동을 상징한다. 그런데 왜 여전히 보라색 깃발과 '누가 여성을 두려워하랴'라는 언어가 필요할까. 당연히 오늘 아침까지도 여성에 관한 문제는 제대로 해결되지 않았고, 변화를 일으킬 방안이 시급하기 때문이다.

《여성신문》 2025년 11월 18일 자 기사에 따르면 2015년 '#나는페미니스트입니다' 해시태그 운동이 촉발한 '페미니즘 리부트'가 10주년을 맞았다. 2015년에서 2025년 사이 여러 사건이 있었다. 2016년 강남역 여성 살해 사건, 2017년 미국에서 시작되어 2018년 1월 서지현 검사의 폭로를 계기로 한국에서도 본격화된 미투(Me Too) 운동, 텔레그램 N번방 사건 등. 헤아릴 수 없이 많은 사건이 한국 사회뿐 아니라 전 세계를 들끓게 했다.

더 큰 문제는 '눈에 보이지 않는' 것들이 도처에 있다는 점이다. 사회적 통념부터 역사를 다루는 방식, 인간의 기본권인 평등을 둘러싼 인식론에 이르기까지 비가시적인 층위를 포괄해 여성의 존재 방식을 논하는 자리가 필요하다. 혼자 말하기에는 부족하고 함께 논하기에도 시급하다. 특집 리뷰를 쓴 네 명의 필자들은 이런 시급함을 오래, 천천히 생각할 성찰의 계기로 만들어 준다.

김은주의 「젠더를 두려워하지 않는 공거의 윤리」는 이번 호 특집 제목으로도 차용한 주디스 버틀러의 『누가 젠더를 두려워하랴』를 읽으며 어떻게 현장의 '함께 살기' 방식으로 나아갈 수 있는지 논의한다. 임소연의 「암컷들의 가장 강력한 힘에 대하여」는 루시 쿡의 『(방탕하고 쟁취하며 군림하는) 암컷들』을 통해 암컷의 힘이 '지워지는 현실'에 주목하면서, "더 많은, 더 다양한 여성을 결속하는 정치에 가장 잘 맞는" 과학의 위치를 역설한다. 한승혜의 「잃어버린 이름을 찾아서」는 『조지 오웰 뒤에서: 지워진 아내 아일린』을 읽으며 조지 오웰이라는 거장 뒤로 존재 자체가 지워졌던 한 여성, 아일린 오쇼네시를 조명한다. 오웰의 문제점을 지적하는 데 초점을 맞춘 것이 아니라, "재능 많고 개성 넘치며 존재감이 확실한 여성에 대한 기록이 여태 백지상태에 가까웠던 이유"가 무엇인지 생각해야 함을 촉구한다. 그렇다면 소위 사회적으로 성공한, 지워지지 않은 여성은 어떨까? 2023년 노벨경제학상을 수상한 클라우디아 골딘은 『커리어 그리고 가정』에서 노동 시장의 규칙이 남성의 생애 주기를 기준으로 설계되어 있음을 시간 축으로 분석했다. 전은지는 서평 「평등의 세대, 미완의 구조 위에서」를 쓰며 '우리가' 책의 해설을 넘어 자신의 경험을 나누고, 이어 "평등을 재설계"하는 것으로서 "미완의 구조를 완성해 가"야 하는 세대임을 자각한다.

이마고문디에서 나는 부산현대미술관에서 열렸던 힐마 아프 클린트의 전시를 '여성의 개인전'이라는 맥락에서 이야기했다. 왜 여성 작가의 전시에는 여전히 '삶에 관한 이야기'가 필요한지 궁금했다. 물론 특집의 서평들과 공명하기 위해 이 전시를 이마고문디의 대상으로 결정했다.

고전의 강에서는 홍성욱이 브뤼노 라투르의 『존재양식의 탐구: 근대인의 인류학』을 읽는다. 그는 「아슬아슬한 존재들이 함께 만드는 세상(1): 전사(前史)」라는 제목으로, 라투르의 궤적을 이해할 수 있는 크고 작은 여정들을 촘촘하게 제시한다. "뒤섞여 웅성거리는 세계 속으로 입장할 준비가 되어 있는가?"라는 필자의 문장은 질문이 아니라 이런 세계 안으로 함께 들어가 보자는 제안일 것이다.

일반 리뷰에서 근래 주목받는 다양한 분야의 책이 등장한다. 김보국은 얼마 전 노벨상을 수상한 헝가리 작가 크러스너호르커이 라슬로의 작품 세계를 이야기한다. 아직 낯선 작가의 책을 국내에 번역하기도 한 그는 노벨문학상 발표 직후 헝가리 서점 풍경을 보내 주었다. 붕괴하는 사회 구조에서 인간의 방향성을 논하는 크러스너호르커이의 세계 전반을 이해하는 데 좋은 길잡이다. 황희선은 『모든 것의 새벽: 다시 쓰는 인류 역사』에서 "사회적 불평등의 기원은 무엇인가"가 아니라 "사회적 불평등의 기원에 관한 질문의 기원은 무엇인가"라는 질문을 곱씹으며, 인류의 평등과 불평등의 인식을 둘러싼 질문의 틀을 재고한다. 박종령은 올랜도 패터슨의 『노예제와 사회적 죽음』의 뒤늦은 한국어 번역본 출간을 계기로, 노예라는 인간이 놓인 피지배 상태의 사회적 죽음을 포착하는 연구 결과와 방법론을 읽어 낸다. "지금도 만연한 인간 지배와 착취의 현실을 함께 묻고 기록해 나가야" 한다는 목소리가 울림을 준다.

일반 리뷰에 실린 서평도 이번 호 특집 주제와 관계한다. 특히 김동신은 전가경의 『그래픽 크리틱』을 소개하며 「역사를 있게 하기」라는 적극적인 비평의 목소리를 낸다. 한국 그래픽 디자인계에 제기되어 온 '텍스트 없음'과 '텍스트 있음'은 무엇인가? 필자는 전가경의 연구 활동을 집대성한 책의 의미를 분석하는 동시에 "외부에 의해 소외되어 부당하게 조명받지 못한 약자이기 때문"이라는 서사만으로 메울 수 없는 "깊은 단절"을 심도 있게 비판한다.

문학에서는 문지혁이 책을 읽는 일의 어려움과 그럼에도 책을 끝없이 읽는 일에 관하여 쓴다. '왜 고전을 읽는가', '읽지 않은 책에 대해 말하는 법'이라는 근본적이면서도 원초적인 질문들을 경유하며 결국 '나만의 책 리스트'를 만드는 일의 중요성을 전한다. 요조는 2024년 10월 10일 운영해 오던 책방무사의 10주년을 담담하고도 묵묵하게 돌아보며, 우연히 읽게 된 박소령 전 퍼블리 대표의 책『실패를 통과하는 일』과 지난 10년의 시간을 겹쳐 본다. "불확실성을 향한 공격적인 수용의 기질"이라는 말로 10년의 버티기를 회고한 그는, 함께이기도 했고 또 혼자이기도 했던 책방의 시간을 생생하게 전달한다.

끝으로 올해 2회를 맞은 '우주리뷰상' 수상작을 발표하고, 최우수작과 우수작 두 편을 실었다.《서리북》은 아모레퍼시픽재단의 후원으로 알라딘과 함께 '우주리뷰상'을 개최한다. 지면에는 김선경의 「콜럼바인 사건: 완전함의 신화와 통제의 구조」, 임은정의 「난민적 삶의 가능성과 서사 탐색」만이 수록되었지만, 김두얼, 권석준, 신형철, 전은지, 윤경희 심사위원의 심사평에서 읽을 수 있듯 우리의 사유에 파문을 일으키고 동시대 사회, 과학, 예술과 삶 자체에 대한 문제의식을 촉발하는 여러 서평이 수상작으로 뽑혔다. 수상작들을 보며, 책을 읽고 만들며 나누는 일이 지닌 사회적 행위를 다시금 생각하게 되었다. 책을 읽고 글을 쓰며 느끼는 개인의 기쁨과 고민의 흔적들이 서로 연결되어 새로운 공간을 찾을 수 있다고 믿는다.

편집위원 현시원

차례

"현실의 노동은 여전히 긴 연속적 시간을
전제로 작동했고, 커리어와 가정생활의
병행은 각자의 운과 환경에 따라 달라졌다.
누군가는 돌봄을 나눌 이가 있었고, 누군가는
없었다. 그 차이는 능력의 문제가 아니라
구조의 설계에서 비롯한 것이었다."

◀ 전은지「평등의 세대, 미완의 구조 위에서」

"버틀러가 던지는 '누가 젠더를
두려워하랴?'라는 물음은 젠더의 철학을
넘어 타자성과 변화에 대한 두려움을
직시하게 하며 파시즘으로 흐를 수도 있는
권위주의에 대항하고 급진적 민주주의를
추동하는 상상으로 향한다."

▶ 김은주「젠더를 두려워하지 않는 공거의 윤리」

"암컷이 번식의 주체라는 사실은
치러야 할 비용이기도 하지만 상황을
유리하게 만들 수 있는 힘이기도 하다.
그 힘은 비용을 치르지 않기로 결정했을 때
극단적으로 드러난다. 특히나 암컷들이
묵묵히 그 비용을 감내하는 상황이라면
더욱더."
▶ 임소연 「암컷들의 가장 강력한 힘에 대하여」

"애초에 이처럼 재능 많고
개성 넘치며 존재감이 확실한
여성에 대한 기록이 여태
백지상태에 가까웠던 이유는
무엇일지를 먼저 생각해야 한다."
◀ 한승혜 「잃어버린 이름을 찾아서」

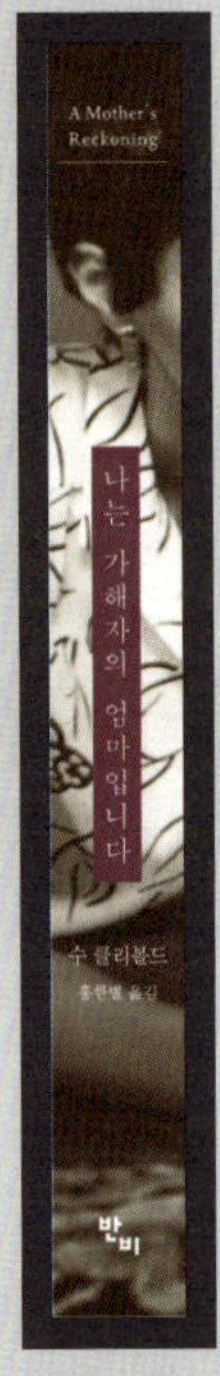

"이해는 판단이 아닌 공감을 낳고 단절이
아니라 연결을 만들어 낸다. 결국 비극을 막는
힘은 도덕이나 신념이 아니라 타인의 고통에
닿으려는 감응에서 비롯한다."
◀ 김선경 「콜럼바인 사건: 완전함의 신화와 통제의 구조」

"조국을 물었던 사람들, 자의든 타의든
경계의 위치에 섰던 사람들의 서사를
계속해서 탐색하는 것, 치열했던 그들의
고민에 기대 난민적 관점을 숙고하는
과정이 필요하다."
◀ 임은정 「난민적 삶의 가능성과 서사 탐색」

"저자는 노예제를 철저히 인간과 인간 사이의
권력관계로 이해하며, 노예를 재산으로 인식하는
것은 폭력적인 권력관계를 분식하기 위한
'물질주의 권력 이디엄'의 산물이라고 평가한다."
▶ 박종령 「노예제를 해부하다」

"인류 전체의 가능성을 시야에 두고 볼
때 우리가 추구할 수 있는 사회의 형태는
생각보다 훨씬 다양하고 그 모두가
불평등한 모습도 아니라는 것이다."
▶ 황희선 「평등의 고고학」

"그 낱낱의 짧고 연약한
글들이 쓰이고, 쓰인 글이
읽혀서 다시 새로운 글의
작성으로 이어지는 순간마다
존재한다고 생각한다."
▶ 김동신 「역사를 있게 하기」

"세계는 고정된 틀이나 보이지 않는
상부 구조로 이루어진 것이 아니라
행위자들 사이에 끝없이 생성되고
소멸하는 관계들의 얽힘에서만
형성된다."
◀ 홍성욱 「아슬아슬한 존재들이 함께 만드는 세상(1): 전사(前史)」

누가 여성을 두려워하랴

서울
리뷰 오브
북스

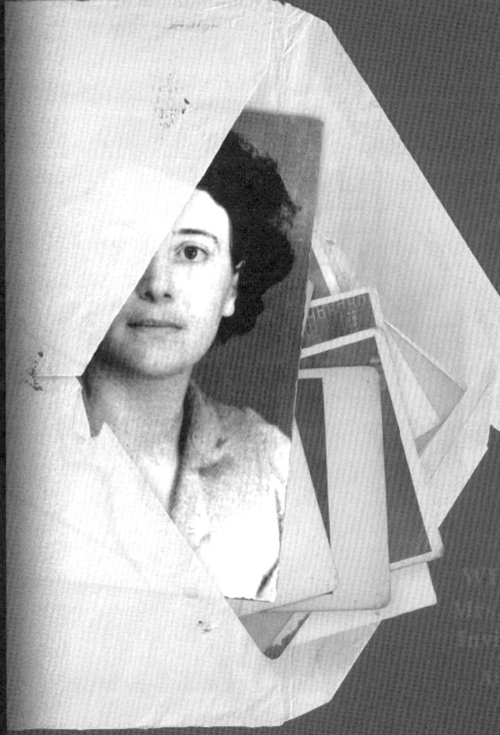

『조지 오웰 뒤에서: 지워진 아내 아일린』
애나 펀더 지음, 서제인 옮김
생각의힘, 2025

잃어버린 이름을 찾아서

한승혜

이런 장면을 상상해 본다. 여기 아침부터 몹시 분주한 한 여성이 있다. 전날 밤 어질러진 집 안을 치우고 건조대 가득 널린 빨래를 걷은 뒤 장 봐온 식재료를 정리하느라 자정 넘어 겨우 눈을 붙인 여성은 채 다섯 시간이 지나기 전 다시 일어나 밥을 차리는 중이다.

가족들의 식사를 준비하는 일은 쉽지 않다. 아직 어린 막내는 먹을 수 있는 음식 종류가 한정되고, 며칠 전부터 감기 기운이 있는 첫째는 소화 능력이 떨어진 상태이며, 남편은 입맛이 까다롭다. 그렇지만 무려 세 종류의 밥상을 차려 낸 그녀는 잠이 덜 깬 아이들을 어르고 달래며 약 십 분 뒤 식탁 앞에 앉히는 데 성공한다. 그리고 아이들이 제시간에 어린이집과 학교에 갈 수 있도록 먹이고 씻기고 입히느라 다시 한번 실랑이를 벌인다.

그 순간 느지막이 잠에서 깬 그녀의 남편이 방에서 기지개를 켜며 걸어 나온다. 간밤에 푹 잔 듯 상쾌한 표정인 그가 식탁 위를 흘끗 바라보고서는 해맑게 묻는다. "어제랑 똑같네? 다른 메뉴는 없어?" 이때 여성의 마음속에는, 그리고 이를 지켜보는 이들의 머릿속에는 과연 무슨 말이 떠오를까.

온라인 커뮤니티에 위와 같은 사연을 적는다면 아마도 비난 댓글이 쇄도할 것이다. 여성에게 출근할 직장이 있다면 비판은 더 거세질 것이다. 그런데 이야기 속 남편이 내가 애정을 품고 있는 사람이라면 어떨까? 전날 제대로 잠을 자지도, 이른 아침부터 잠시 엉덩이를 붙이지도, 간단한 요기도 하지 못한 채 살림과 육아로 눈코 뜰 새 없이 바삐 움직인 아내에게 밥투정을 해대는 저 남편이라는 인물이 내가 오래도록 흠모했던 그 누군가라면 말이다.

조지 오웰은 '위대한 작가 목록'에서 늘 빠지지 않고 언급되는 동시에 많은 작가가 가장 존경하고 사랑하는 작가로 꼽는 '작가들의 작가'기도 하다. 나 역시 오랫동안 조지 오웰을 사랑해 왔다. 그의 작품을 읽으며 전율했고, 그가 그려 낸 가공의 세계를 엿보며 가슴을 쓸어내리기도 했다. 냉철하고 예리한 문장이 탐나 그가 쓴 산문을 외우듯 반복해 읽었으며, 오랜 세월이 흐른 뒤에도 여전히 텍스트 안에 살아 반짝이는 그의 지성과 유머에 매료되었다.

이기적이고 눈치 없는 남편에서 갑자기 조지 오웰로 넘어가는 까닭은 바로 조지 오웰이, 누구나 익히 아는 이 위대한 작가가 위 장면의 실제 주인공이기 때문이다. 물론 앞선 설명은 시대적 보정을 거쳐 개인적 상상을 가미한 것이며 현실은 훨씬 열악했다.

변소 청소가 그 모든 일의 절정(혹은 밑바닥)이었다. 조지는 몸이 좋지 않아 그 일을 할 수 없었다. 아일린의 머릿속에 깊이 새겨진 한순간이 있다. 일을 반쯤 했을 때, 조지가 저 창문을 열고 아일린을 불렀다. 아일린은 조심스럽게 몸을 빼냈다. 변기 위로 넘쳐흐른 짙은 색 배설물에서 부츠 신은 발을 꺼냈다. 소용돌이치는 그 오물은 너무도 역겨웠고, 악취에 속이 뒤집힐 지경이었다. 아일린은 조지가 뭐라고 하는지 들으려고 창문 쪽으로 네 걸음을 떼었다. 그러고는 거기 서 있었다. 조지의 녹색 낚시용 장화를 신고, 장갑 낀 두 손을 옆으로 벌리고, 온몸이 똥투성이가 된 채로.

"차 마실 시간이잖아요. 안 그래요?" 그때 조지는 그렇게 말했다.

아일린의 피가 얼음처럼 차갑게 식었다. 조지가 자신을 위해 차를 끓여주려고 그 말을 했을 거라는 생각은 단 한 순간도 들지 않았다.

(334-335쪽)

오웰의 얼룩과 잊힌 이름

세상 모든 일에는 맥락이 존재하고 제아무리 훌륭한 인격을 갖춘 사람이라도 무신경하고 이기적인 모습을 보일 때가 있다. 따라서 단 하나의 장면만으로 누군가를 평가하고 판단하는 일은 불공정하다. 같은 선상에서 화장실 청소 중인 아내에게 차를 요구했다는 사실만으로 오웰을 비난하는 것은 조금 지나친 처사일지도 모른다. 그러나 안타깝게도 오웰에 관한 에피소드는 이것으로 끝이 아니다.

　식민주의와 전체주의를 비판하고 사회의 부조리를 고발한 작가 조지 오웰은 결혼 생활 내내 바람을 피운 난봉꾼이자 아내의 친구에게까지 구애를 지속한 파렴치한이며 여성들과 데이트할 당시 여러 차례 상대의 의사를 무시하고 거칠게 달려든 강간 미수범이었던 동시에 아내의 벌이와 노동을 수탈한 각다귀였다. 여행지에서 다른 여성과 하룻밤을 보내게 해달라는 요구를 아내에게 대놓고 할 만큼 뻔뻔했던 데다가 아내의 아이디어를 활용해 작품을 집필하고 편집에 도움을 받았음에도 이러한 지점을 어디에도 명시하지 않은 비겁한 인물이기도 하다.

　『조지 오웰 뒤에서』는 이처럼 우리에게 알려지지 않은 오웰

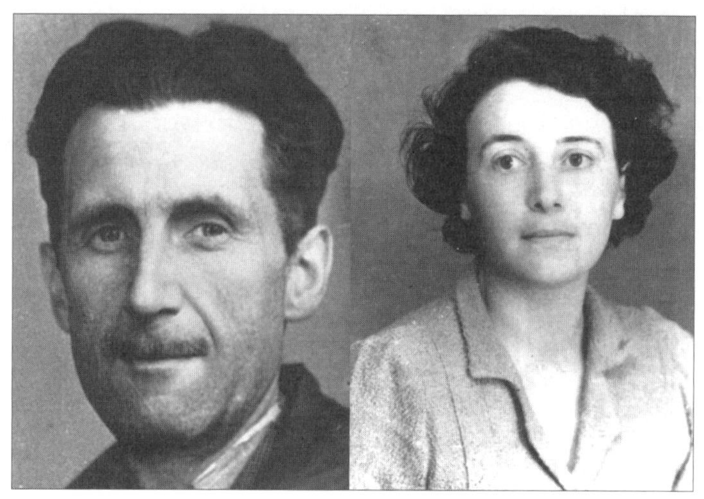

조지 오웰과 아일린 오쇼네시.(출처: 오웰 아카이브, 위키피디아)

의 '뒷모습'을 밝혀내는 책이다. 저자 애나 펀더는 오웰의 작품을 섭렵해 나가던 어느 날 한 가지 의문을 품는다. 오웰의 여성을 바라보는 관점이 유난히 뒤틀려 보였던 까닭이다. 특히나 오웰이 부부 관계에 관하여 쓴 대목에서 펀더의 의구심은 더 커졌다.* 결혼 생활을 언급한 그 글이 명백히 누군가를 겨냥하던 반면, 정작 그 대상이 되는 오웰의 아내에 관한 기록은 없다시피 했기에.

결국 펀더는 오웰의 아내를 본격적으로 알아보기에 이르렀고 그 과정에서 그녀가 절친 노라 제임스에게 보낸 여섯 통의 편지를 발견한다. 편지에서 시작한 연구는 조지 오웰의 전기를 비롯해 주변인들이 남긴 기록 그리고 오웰의 작품 속 작은 단서들까지 뻗어

---

* "여자들에 관해 두 가지 중요한 사실이 있었다…… 이는 오직 결혼을 해봐야만 알 수 있는 것이며, 그동안 여자들이 용케도 기만적으로 세상에 내세우는 데 성공한 자신들의 모습과는 명백히 모순되는 사실들이었다."(33쪽)

나간다. 시간이 지날수록 하나의 실루엣이 서서히 나타난다. 마치 처음에는 아무것도 없는 배경 같았지만, 점을 모두 연결한 마지막 순간 한꺼번에 제 모습을 드러내는 그림처럼. 그렇게 펀더는 이제 껏 삭제되었던 한 여성의 삶을 복구해 낸다.

　그런 의미에서『조지 오웰 뒤에서』는 오웰의 '얼룩'을 조망하는 동시에 이름이 없던 누군가에게 새로이 이름을 찾아 주는 책이기도 하다. 옥스퍼드 대학에 장학금을 받고 입학할 정도로 영민했고, 문학적 재능이 뛰어나『1984』가 집필되기 이전 같은 제목의 시를 썼으며, 주변인들의 호감을 사는 유쾌한 성격에, 결혼 서약서에서 아내라는 말 뒤에 따라붙던 '순종'이라는 단어를 걸어 낼 만큼 진보적이었으며, 가정의 생계를 책임졌던 여성. 포탄이 떨어지는 전장에서 남편과 동료들을 구하기 위해 사방으로 뛰어다녔던 용감한 여성. 그러나 조지 오웰의 아내란 직함 외에 그 어디에도 공식적으로 기록이 남지 않았던, 조지 오웰이 자신의 모든 저작물에서 단 한 번도 제대로 이름을 부르지 않았던, 그래서 결국은 누구의 기억에도 남지 못했던 여성. 바로 아일린 오쇼네시에 대한 전기이자 회고록이다.

가장이자 엄마이자 비서이자 가사도우미였던

이 책은 출간 이후 많은 비판에 휩싸였다. 사람들은 책에 실린 조지 오웰과 아일린의 대화나 두 사람의 생각을 두고 진위를 따지며 공격했다. 그러나 펀더는 책의 초반부에서 그 부분들이 '픽션'임을 명확히 밝힌다. 아일린에 대한 기록 자체가 워낙 적은 까닭에 군데군데 비어 있는 구멍을 추론과 추측에 따를 수밖에 없던 것이다. 물론 책에 적힌 내용 중에는 '오웰이 아일린의 친구인 리디아에게

마이클 래드포드의 영화 〈1984〉 속 한 장면. 아일린은 오웰보다 먼저 「1984」라는 시를 썼다고 한다.(출처: flickr)

구애한 진짜 의도'*처럼 때로 과한 억측이 존재하는 것이 사실이다. 중요한 건 설령 일부분이 실제와 다를지라도 '진실'은 여전히 같다는 점이다. 이를테면 오웰의 발언("차 마실 시간이잖아요, 안 그래요?")을 들은 아일린의 감정이 책에 쓰인 바("아일린의 피가 얼음처럼 차갑게 식었다") 같지 않았을지라도 오웰이 화장실 청소 중인 아내에게 차를 요구했다는 사실에는 변함이 없다. 오웰이 리디아에게 구애한 '진짜' 의도가 무엇이건 그가 아내의 친구에게 지속적으로 만남을 요구하는 편지를 보냈다는 것마저 부정할 수는 없다.

그보다는 애초에 이처럼 재능 많고 개성 넘치며 존재감이 확

---

* "오웰은 아일린이 모르는 수많은 다른 여자들과 섹스를 할 수도 있었다. 그는 사창가에 자주 다녔으니, 그런 곳에 가는 것도 가능했다. 그런데도 리디아를 끌어들인 건, 어쩌면 리디아와의 섹스가 아일린에게 가장 큰 상처를 입힐 거라는 생각에서였는지도 모른다. 자기 아내의 절친한 친구를 노리는 건 아내를 훼손시키려는 의도적인 행동이다. 그렇게 하면 아내는 더욱 철저하게 고립될 테고, 더욱더 자신의 소유가 될 수 있을 테니까."(311쪽)

실한 여성에 대한 기록이 여태 백지상태에 가까웠던 이유는 무엇일지를 먼저 생각해야 한다. 오웰은 평생에 걸쳐 소설부터 서평과 르포에 이르기까지 수많은 글을 남겼으나 거기에 아일린의 흔적은 거의 들어 있지 않다. 식민지 경찰로 근무하던 시절 단지 바보처럼 보이지 않기 위해 코끼리를 쏘아 죽인 경험까지 낱낱이 묘사할 정도로 자기 객관화에 충실했던 오웰은 유독 아내에 관해서만은 조용했다. 과묵을 넘어 이름조차 붙여 주지 않았다.

아일린이 스페인에서 보냈던 시간을 퍼즐처럼 맞춰 본 뒤에도 나는 여전히 혼란스러웠다. 어떻게 나는 《카탈로니아 찬가》를 두 번이나 읽고도 아일린이 거기 있다는 걸 깨닫지 못했던 걸까? 아일린은 정당 본부에서 일했고, 전선으로 오웰을 찾아갔고, 부상 당한 그를 돌봤고, 그의 원고를 맥네어에게 건네줌으로써 그것을 지켜냈고, 여권들을 지켜냈고, 호텔에서 체포될 게 거의 확실했던 오웰을 구해냈으며, 어떻게든 비자를 받아 그들 모두를 구해냈다. 그러고도 아일린이 보이지 않는 이유는 무엇일까? 나는 그 책의 전자책 텍스트를 훑어보았다. 오웰은 '내 아내'라는 표현을 37회 사용한다. 나는 그제야 깨닫는다. 아일린의 이름은 단 한 번도 언급되지 않는다. 이름 없이는 어떤 인물도 살아날 수가 없다. 하지만 '아내'라는 직함에서는 이름이 얼마든지 박탈되어도 무방하다. (262쪽)

왜였을까? 오웰의 아내 아일린은 결혼 생활을 하는 9년 동안 생계를 책임지는 '가장'이자 병약한 오웰을 보살피는 '엄마'인 동시에 오웰의 원고를 타이핑하고 교정하는 '비서' 그리고 작업 중인 오웰 대신 살림을 도맡는 '가사 도우미' 역할을 한꺼번에 해냈다. 삶에서 이토록 큰 비중을 차지했던 아내에 대해 오웰은 왜 침

『코끼리를 쏘다』는 조지 오웰이 식민지 경찰로 일했던 경험을 바탕으로 쓴 에세이다.
(출처: picryl)

묵했을까? 답은 둘 중 하나다. 아내의 역할이 전혀 중요하지 않다고 여겼거나 혹은 그 모든 것을 당연하다고 생각했거나. 결국 같은 의미일 테지만.

자궁 종양을 앓던 아일린이 수혈받다 사망한 후 오웰은 자신의 발행인인 바르부르크에게 다음같이 말한다. "다른 건 다 제쳐두더라도, 난 정말 결혼을 하면 더 오래 살 것 같아요."(550쪽) 이 말은 결국 오웰에게 있어 '아내'란 비용을 들이지 않고 돌봄 노동과 가사 노동을 비롯해 온갖 잡다한 일을 맡길 수 있는 '만능 가전' 같은 존재였다는 의미다. 오웰의 소설 『1984』에서 제시하는 개념인 '이중사고'는 모순되는 두 개의 신념을 동시에 모두 받아들이는 사고방식을 의미한다. 20세기에 가장 유명한 신조어를 만들어 낼 만큼 세계의 부조리와 모순을 꿰뚫어 보았던 오웰은 가부장제와 여성 문제에 한해서만큼은 이중사고에서 벗어나지 못했다.

그 시절, 남자는 집 밖에서는 고상하게(혹은 합법적이라고) 여겨지지 않을 행동들을 자기 집의 사생활에서는 합법적으로 할 권리가 있었다. 다른 사람에게 한다면 자신이 지닌 진실함이라는 개념에 모욕이 될 만한 행동들이었다. (……) 가부장제야말로 겉으로 보기에는 '고상한' 남성이 여성들에게 함부로 행동하도록 허용해 주는 이중사고다. 식민주의와 인종차별이 겉으로 보기에는 '고상한' 사람들이 다른 사람들에게 차마 말로 할 수 없는 짓을 저지르도록 허용해 주는 것과 마찬가지다. 남성들이 어떤 행동을 저지르는 동시에 결백할 수 있으려면, 여성들은 인간이어야 하지만, 온전히 인간은 아니어야 한다. 그렇지 않으면 '자신이 가짜라는 느낌, 그리고 그로 인한 죄책감'이 밀려올 것이기 때문이다.(315-317쪽)

작품과 작가를 분리할 수 있는가

오웰의 전기 작가들 역시 사정은 크게 다르지 않았다. 오웰에 대한 애정과 존경이 듬뿍 담긴 그들의 눈에 자신들의 영웅 바로 곁에 서 있는 여성은 마치 투명 인간 같았다. 어쩌면 오웰의 흠결을 부각하는 것을 피하기 위해서였는지도 모른다. 아일린에 대해 말하는 것은 오웰이 얼마나 형편없는 남편이었는지를 이야기하는 것이기에. 오웰이 생계를 의탁하는 아내에게 가사 노동까지 전담시켰다는 사실에 대해, 자신의 의지로 입양한 아기를 아내에게 맡기고 훌쩍 떠났다는 사실에 대해, 다친 오웰을 최선을 다해 돌보았고, 사는 내내 오웰의 건강을 신경 썼던 아내가 정작 자신이 아플 때는 치료비 때문에 고민했고 결국 저렴한 시술을 받다가 끝내 사망했다는 사실에 대해 그들은 침묵한다. 때로 문장의 형태를 수동태로 바꾸거나 말미를 두루뭉술하게 흐리면서 오웰과 아일린 사이에 있었던 일을 그냥 흘려 넘긴다. 끝내 오웰의 삶에서 아일린의 비중은 최소화된다.

> 아일린은 오웰의 전기 속에 존재한 적이 없다. 오웰의 전기 작가 일곱 명은 모두 남자고, 그들은 한 남자를 바라보고 있다. 그들 각자는 조금씩 다른 이야기를 멋지게 펼쳐 보인다. 때로는 오웰을 영웅시하고 용서해 주는 쪽으로 치우쳤다가, 또 때로는 이름 붙일 수 없는 복잡함이 가득한 '마음속의 어두운 심연'을 파고든다. 하지만 오웰의 삶에서 여성들이 지니고 있던 중요성을 최소화했다는 점에서는 그들 모두 똑같다. 결국, 그 전기들은 누락으로 점철된 허구처럼 보이기 시작했다.(45쪽)

한편 오웰의 많은 팬은 설령 책의 내용이 모두 사실이라 하더라도 그 같은 '사생활'이 오웰의 작품과 무슨 상관이냐고 다시 한 번 묻는다. 이는 이제껏 범죄 혹은 비윤리적인 활동을 벌인 '남성 예술가'들을 그들의 팬들이 옹호하며 했던 말이기도 하다. 오웰 자신 또한 "작가가 사적인 삶에서 여자를 학대했다는 사실이 우리가 그의 작품을 읽는 방식에 영향을 끼쳐서는 안 된다고"(318쪽) 주장했다. 매우 오래된 질문인 '작가와 작품을 분리할 수 있는가?'를 논하기 전에 분명히 해둘 것이 있다. 이 책은 결코 조지 오웰을 '취소'하기 위해 쓴 것이 아니라는 사실이다.

책을 쓴 애나 펀더 역시 오웰의 오랜 팬이었다. 펀더는 오웰의 글을 읽으며 힘을 얻었고, 오웰을 사랑했고, 어느 순간부터 불공정하게 돌아가는 듯한 남편과 자신의 관계를 타개할 실마리를 찾고자 오웰의 책을 다시 읽기 시작했다. 단지 이전에 오웰의 삶을 연구했던 다른 남성 작가들과 달리 펀더는 모른 채 지나치지 못했을

F. 스콧 피츠제럴드와 젤다 세이어 피츠제럴드, 그들의 딸 스캇티 피츠제럴드. 젤다는 악처라는 오명과 달리 스콧에 의해 꿈을 접어야 했다.(출처: 위키피디아)

뿐이다. 오웰의 곁에 분명히 보이는 빈 구멍을. 그 안에 들어 있는 자신과 너무나도 닮아 보이는 한 존재를.

　그 대상이 조지 오웰이라는 것이 놀랍지만, 사실 남성 예술가와 그가 착취했던 여성에 관한 이야기는 아일린이 처음이 아니다. 스콧 피츠제럴드의 아내 젤다 세이어 피츠제럴드 또한 사치와 낭비벽이 심하고, 남편을 제멋대로 휘두르며, 있지도 않은 재능을 과신하고, 관심을 갈구하며 과욕을 부리다 끝내 남편을 파멸시킨 악처로 유명했다. 하지만 스콧이 젤다의 글을 자신의 작품에 무단으로 사용하고, 젤다가 쓴 소설을 출판하지 못하게 했으며, 무대에 서려던 젤다를 저지함으로써 무용수로서의 커리어를 끝내게 했고, 젤다가 결혼 생활 내내 스콧의 커리어를 위해 희생했다는 사실을 아는 사람은 많지 않다. 그런 의미에서 『조지 오웰 뒤에서』는 더더욱 조지 오웰 개인을 부정하고 그의 작품을 훼손하기 위한 목적으로 쓴 게 아니다. 다만 그 위대한 작품들이 누구의 헌신으로 만들어졌는지, 그토록 훌륭한 문장들이 누구의 피를 양분 삼아 쓰였는지, 그것이 어떻게 가능했는지를 말하고자 함이다. 서리북

한승혜
이화여자대학교에서 영미문학과 일본문학을 공부했다. 기업에서 마케팅 업무를 하다 현재는 두 아이를 기르며 살림을 하고 글을 쓴다. 『봉 잡은 인생』, 『저도 소설은 어렵습니다만』, 『다정한 무관심』, 『제가 한번 읽어보겠습니다』 등을 썼으며, 『여자를 모욕하는 걸작들』을 함께 썼다.

📖 작가와 작품을 분리할 수 있는가? 어떤 사람들은 서슴없이 그렇다고 답할 것이다. 예술은 그저 예술일 뿐이라고. 누군가는 고개를 저을 것이다. 작가의 삶은 작품의 근원이며, 비윤리적인 인물의 작품은 소비할 수 없다고. 문제는 우리의 감정이 무로 자른 것처럼 딱 떨어지는 경우가 드물다는 것이다. 지탄받아 마땅한 예술가의 환상적이고 아름다운 작품을 어떻게 대할 것인가. 클레어 데더러의 『괴물들』은 이 고전적인 질문에 신중하고 정성스럽게 써 내려간 해답과도 같다.

"누군가를 큰 목소리로 괴물이라고 부른다고 해서 그의 작품을 어떻게 해야 하는가, 라는 문제가 단번에 해결되지는 않는다. 나는 얼마든지 폴란스키를 고발할 수 있지만 그럼에도 불구하고 폴란스키의 작품은 나를 부른다. 이 끈질긴 부름과 그의 작품을 내치지 못하는 나의 약한 의지는 나 자신에 대한 개념마저 흐트러뜨렸다. 내가 과연 내 주장대로 (혹은 타인의 주장대로) 페미니스트인지도 의문을 품게 만들었다." —책 속에서

『괴물들: 숭배와 혐오, 우리 모두의 딜레마』
클레어 데더러 지음
노지양 옮김
을유문화사, 2024

📖 조지 오웰의 아내인 아일린 오쇼네시는 '아내 노릇'에 순응함으로써 이름이 남지 않은 채 사라졌다. 스콧 피츠제럴드의 아내인 젤다 피츠제럴드는 독립된 창작자를 꿈꾸었지만 '악처'로 이름을 날렸다. 『젤다』는 이제껏 스콧의 제멋대로인 아내로만 존재하던 젤다를 온전한 한 명의 작가로 바라보는 책이다. 젤다의 생애와 더불어 그의 주요 단편과 산문을 소개한다.

"어떤 페이지에선 결혼 직후 불가사의하게 사라진 제 옛날 일기의 일부가 보여요. 꽤 편집되어 있지만 편지글들에서도 어쩐지 낯익은 내용이 있고요. 아무래도 피츠제럴드 씨는—스펠링 제대로 쓴 것 맞죠?—표절은 집안에서 시작된다고 믿나 봐요." —책 속에서

『젤다: 젤다의 편에서 젤다를 읽다』
젤다 세이어 피츠제럴드 지음
이재경 옮김
에이치비 프레스, 2019

WHO'S AFRAID OF GENDER

주디스 버틀러
지음

윤조원
옮김

누가
젠더를
두려워하랴

JUDITH
BUTLER

문학동네

『누가 젠더를 두려워하랴』
주디스 버틀러 지음, 윤조원 옮김
문학동네, 2025

젠더를 두려워하지 않는 공거의 윤리

김은주

주디스 버틀러(Judith Butler)의 『누가 젠더를 두려워하랴』라는 제목은 미국 극작가 에드워드 올비(Edward Albee)의 희곡 「누가 버지니아 울프를 두려워하랴?(Who's Afraid of Virginia Woolf?)」를 패러디한 것이다. 이 제목은 그 자체가 철학적 방식으로 작동한다.

올비의 희곡에서 반복적으로 울려 퍼지는 〈누가 버지니아 울프를 두려워하랴〉라는 노래는 표면적으로 유머러스한 동요의 패러디처럼 보이지만, 그 속에는 냉소와 불안이 교차한다. 원래 이 문장은 동요 〈누가 크고 나쁜 늑대를 두려워하랴?(Who's Afraid of the Big Bad Wolf?)〉*의 패러디다. "버지니아 울프를 두려워하랴?"라는 물음 아닌 물음은 후렴구처럼 반복되어 말장난처럼 보이지만, 점점 자기기만과 파괴적 사랑의 징표로 바뀌어 간다. 버지니아 울프라는 이름은 남성 중심적 지식 체계가 감당하지 못하는 불편한 진실의

---

* 이 동요는 원래 디즈니 애니메이션 〈The Three Little Pigs〉의 삽입곡으로 "누가 크고 나쁜 늑대를 두려워하랴?"라는 반복구로 잘 알려졌다. 이 노래는 1930년대 대공황 시기 미국 사회의 불안과 위협이 투영된 늑대에 대한 공포를 유머로 전환함으로써 현실의 위기를 견디는 노래를 의미했다.

1996년 상영된 연극 〈누가 버지니아 울프를 두려워하랴〉 속 한 장면.(출처: 위키미디어)

형상이자 그 진실이 불러일으키는 불안과 공포를 드러낸다. 올비의 희곡에서 그 노래는 단순한 풍자가 아니라 결혼 제도와 중산층의 위선을 폭로하는 날카로운 비판이자 남성적 세계의 내적 균열을 나타낸다.

　　버틀러는 『누가 젠더를 두려워하랴』에서 바로 이 방식을 전유한다. 그는 버지니아 울프를 '젠더'로 치환하며 두려움에 관한 물음을 동시대 세계에 던진다. 의문문 형식을 취하는 '누가 젠더를 두려워하랴?'는 단순히 성별 정체성의 문제를 묻는 것이 아니다. 여기서 젠더는 자유의 불확정성, 타자와의 공존을 지시하는 기표로 작동한다. 버틀러의 분석에 따르면 젠더의 불확실성이 기존 권력 구조를 위협하기 때문에 젠더는 오늘날 '공포의 언어'라는 구조로서 표적이 된다. 『누가 젠더를 두려워하랴』에서 버틀러는 이 공포의 언어를 소위 '젠더 이데올로기'를 반대하는 담론으로 분석한다. 버틀러는 '젠더를 두려워하는가?'라는 질문을 통해 세계가 무엇을 두려워하고 그 두려움을 누구에게 투사하는지 묻는다.

그러나 『젠더 트러블(Gender Trouble)』이 출간된 지 30여 년이 지난 오늘 버틀러가 다시금 젠더를 '두려움'과 결부해 묻는 행위는 어딘가 시대착오적으로 느껴지기도 한다. 하지만 바로 그 '시대착오성'이야말로 이 책의 핵심 문제의식이기도 하다. 버틀러는 이러한 시대착오적 질문이 오늘날 전 세계적으로 확산한 반(反)젠더 운동의 실재에서 비롯했다고 지적한다. 버틀러는 '누가 젠더를 두려워하랴?'라는 물음을 통해 젠더와 더불어 페미니즘이 어떻게 사회적 공포와 연결되는지 그리고 그 공포가 어떤 지식 체계와 권력 질서를 유지하는지 탐문한다. 사실상 버틀러의 책 제목은 '우리가 젠더를 두려워할 때 우리는 무엇을 두려워하고 있는가?'라는 인식론적 물음에 가깝다.

이러한 문제의식은 버틀러의 초기 저작들과도 연결된다. 『젠더 트러블』에서 버틀러는 젠더를 정체성의 본질이 아니라 수행(performance)의 반복을 통한 체현된 양식으로 정의했다. 『중요한 몸(Bodies That Matter)』에서는 젠더와 섹스의 이분법을 넘어 몸의 물질성과 담론의 경계가 어떻게 사회적으로 형성되고 규율되는지 분석했다. 이러한 사유의 연장선상에서 『누가 젠더를 두려워하랴』는 젠더 수행성이 일으키는 사회적 불안인 고정된 정체성의 붕괴와 권력 질서의 교란을 정치적, 신학적, 윤리적 차원에서 재검토하고, 젠더가 희생양이자 정치적 판타즘(phantasm)으로써 동원되는 허구를 해체한다.

『누가 젠더를 두려워하랴』의 서문은 이러한 버틀러의 철학적 탐구가 디지털 네이티브인 젊은 세대를 향하고 있음을 명시한다.

2017년 브라질 상파울루에서 열린 버틀러 반대 시위. 사진 속 인물은 버틀러의 이론이 전통적 가치에 위협이 된다고 적힌 포스터를 들고 있다.(출처: 위키미디어)

헌사에는 "아직 나에게 가르침을 주는 젊은이들에게(For the young people who still teach me)"라는 문장이 적혀 있다.

이 책을 쓴 직접적인 계기는 버틀러가 감사의 말에서 밝혔듯 2017년 브라질 상파울루에서 일어난 사건 때문이었다. 버틀러는 그곳에서 반젠더 시위대의 무차별적 공격을 받았고, 그 자리에서 가해자와 버틀러 사이에 끼어들어 타격을 막아 준 젊은이의 도움으로 구출되었다. 버틀러는 그 경험 이후 "자발적 윤리(spontaneous ethics)"와 "정치적 연대(political solidarity)"(401쪽)에 대한 믿음에 깊은 관심을 두게 되었고, 『누가 젠더를 두려워하랴』는 바로 그 사유의 연장선에서 탄생한 책이다.

12·3 내란 이후 1년이 지난 시점에서 한국에서도 역시 안티페미니즘을 이용해 정치적 세력을 결집하고 극우의 망령을 불러일으킨 사건들이 자주 목도되어 왔다. 이러한 상황을 복기할 때

버틀러의 『누가 젠더를 두려워하랴』는 의미 있는 참고점이 되어
준다.

젠더라는 거울, 공포에 관한 사회적 무의식이라는 판타즘

> 세상의 모든 종류의 사물은 거울처럼 행동한다.
> ──자크 라캉, 『세미나 II』*

젠더를 수행성과 강제적 이성애의 규범적 매트릭스로 설명한 버
틀러의 논의는 애도 불가능성의 문제 그리고 살 만한 삶의 문제를
중심으로 윤리와 정치에 관한 철학적 논의로 확장해 왔다. 이 책은
다시 젠더로 돌아와 동시대 젠더를 둘러싼 정치적 공포를 조장하
는 것이 비윤리적이며 삶의 가능성을 가로막는 정치적 체계와 관
련이 있음을 제시한다.

블라디미르 푸틴의 러시아, 조르자 멜로니의 이탈리아, 헝가
리의 극우 가족주의 정책 등 다양한 사례를 분석하고 여성가족부
해체를 추진한 윤석열 전 대통령의 정책 역시 언급하며 지금 세계
에서 벌어지는 반젠더 운동의 확산을 구체적으로 살핀다. 책에 따
르면, 미국은 국가가 검열과 의료 제한을 통해 '가부장제의 복원
판타지'를 추구하는데, 여성주의 문헌뿐 아니라 인종주의, 노예제,
홀로코스트를 다룬 교재까지 검열 대상에 포함한다. 젠더라는 단
어 자체가 도덕적 타락의 징표로 간주되어 국가 권력은 이 단어를
무기로 삼는다. 또한 로 대 웨이드(Roe v. Wade)** 판례 폐기로 재생산

---

* Judith Butler, *Bodies that matter: on the discursive limits of "sex"*(London: Routledge New
York & London, 2011), p. 28.
** 2022년, 「돕스 대 잭슨 여성보건기구 사건(Dobbs v. Jackson Women's Health Organization)」

자율성이 제한되었고, 국가는 '보호'를 명분으로 신체 통제권을 확대하고 가부장적 지배를 공고히 하려 한다.

버틀러는 이러한 반젠더 운동의 기원을 추적하고, 젠더를 둘러싼 공포의 언어가 어떻게 정치적 통치 기술(governmental technique)로 기능하는지 사례를 들어 조목조목 분석한다. 이를 통해 버틀러는 세계가 권위주의적 질서로 회귀하려는 시점에서 "가부장제라는 꿈-질서를 복원하려는 소망"(26-27쪽)을 폭로하고 이에 저항하며 국가 횡단적 연대에 기반한 새로운 페미니즘 저항을 재구성해야 할 필요성을 제기하는 것이다.

버틀러가 지적하듯 젠더는 언제나 세계의 균열을 드러내는 거울이었다. 젠더는 국가와 종교, 가족과 도덕의 경계가 흔들릴 때마다 공포의 대상으로 등장한다. 버틀러는 정신분석적 개념인 '판타즘'의 차원에서 젠더 공포를 분석하며 판타즘을 개인의 무의식적 욕망의 장면으로 제시한 프로이트의 논의에서 더 나아가 이를 사회적 무의식의 연극 무대로 확장한다. 버틀러는 프랑스의 정신분석가 장 라플랑슈(Jean Laplanche)의 '환상적 장면(phantasmatic scene)' 개념을 원용해 환상(fantasy)을 개인적 욕망이 아니라 사회적 장소로 파악한다. 라플랑슈에게 '환상'은 단순한 심상이나 공상의 산물이 아니라 의식과 무의식이 엮인 욕망과 불안의 구조적 배치다.

판결은 로 대 웨이드(Roe v. Wade)(1973)와 Planned Parenthood v. Casey(1992)에서 확립된 연방헌법상 낙태권을 전면 폐기하고, 낙태 규제 권한을 개별 주에 환원한 결정이다. 다수 의견은 낙태권이 헌법에 명시되거나 역사적으로 보호된 적이 없다는 이유로 로 대 웨이드를 "잘못된 판례"로 규정했다. 그 결과 미국은 주별로 낙태 접근권이 극단적으로 분절되었으며, 특히 경제적 약자·소수 집단 여성에게 큰 불평등을 초래했다. 또한 피임·동성 결혼 등 사생활의 자유에 기반한 다른 권리들 역시 향후 비슷한 논리로 위협받을 수 있다는 우려가 제기되어 현대 미국 헌정 질서에서 신체적 자율성과 시민권의 안정성 자체가 구조적 불안에 놓이게 되었다. 이에 대해 버틀러는 책의 192-198쪽에서 자세히 설명하고 있다.

젠더는 더 이상 없다. 2018년 페루 리마에서 열린 생명 옹호 행진에 참가한 '내 아이들을 건드리지 마라(Con mis hijos no te metas)' 시위대.(출처: 위키피디아)

반젠더 담론을 대하는 두 가지 심리적 메커니즘이 있다. 전자는 환상뿐 아니라 사회 문제를 하나의 공포로 축소해 모든 불안을 젠더 탓으로 돌리는 과정인 '응축 (condensation)'이며, 후자는 국가의 순수성 상실, 가부장제의 쇠퇴, 백인 우월주의의 붕괴 등에 대한 공포를 '젠더'로 대체해 표면화하는 '전치 (displacement)'다.

버틀러는 '응축'과 '전치'라는 두 가지 심리적 메커니즘을 통해 반젠더 담론을 만들어 정치적 이익을 얻으려는 세력들이 복합적 불안을 젠더라는 단일한 적으로 만든다고 설명한다. 젠더는 불안과 대체의 공포를 한데 묶은 악마화된 대상이자 사회의 파국적 상상력이 응집된 표면으로써 통치가 동원할 수 있는 가장 효율적인 공포의 언어가 된다. 그런 점에서 젠더 이데올로기라는 말 자체는 사회적 판타즘의 산물이라는 것이다.

사실상 젠더는 사회의 내면적 균열을 봉합하려는 상징적 희생양이 되는데 이제 젠더 이데올로기라는 용어로 둔갑한다. 경제적 불황, 생태 위기, 인구 이동, 불평등, 팬데믹 등 다양한 위기들이 모두 젠더 이데올로기라는 기표에 결합하며 젠더는 사회적 불안을 대신 짊어진다. 경제 불황, 생태 파괴, 정치 부패 등을 모두 젠더 이데올로기의 결과로 해석함으로써, 이 해석 뒤에 놓인 위계질서 수호라는 정치적 의도를 가리는 것이다.

버틀러는 젠더 이데올로기라는 용어의 기원을 바티칸에서 찾는다. 가톨릭교회는 1990년대 후반 젠더 개념이 '신의 창조 질서를 해체한다'고 규정하며 이를 위험한 사상적 무기로 명명했다. 이때 젠더는 생물학적 성의 다양성을 설명하는 학술적 개념이 아니라 신앙적 질서를 위협하는 이단적 담론으로 재배치되었다.

이 종교적 담론은 이후 각국의 극우 정당, 복음주의 운동, 국가주의적 정부와 결합하며 세계적 반젠더 운동의 언어가 된다. '가족을 보호하라', '자녀를 지켜라'라는 구호는 젠더를 악마화하는 도덕적 잣대로 기능한다. 버틀러는 이를 가부장제 복원 욕망으로 부른다. 젠더를 공격하는 것은 권위주의적 사회 위계를 회복하려는 시도이며, 백인·남성·이성애 중심의 정체성을 다시 세우려고 회귀하는 것이다. 버틀러는 특히 법과 제도의 언어에서 공포의 언어가 어떻게 합법화되는지를 추적하는데, 일부 국가는 트랜스젠더 청소년의 의료 접근을 금지하거나 젠더 교육을 금지하는 법을 제정하며 이를 '아동 보호'라는 도덕적 명분으로 포장한다. 그러나 이러한 법은 보호를 약속할 때조차, 그 보호는 배제의 다른 이름으로 작동한다.

버틀러는 젠더에 대한 공포와 반대가 단지 보수적 반응이 아니라 '도덕의 언어로 포장된 파시즘적 정념'이라고 진단한다. 그것은 "가족 수호, (인종적 순수성에 대한 모든 도전에 맞서는) 국가 수호와 더불어, 파시즘의 역사 및 현재에 속하는 우생학과 연관"(83쪽)되어 있기 때문이다. 이에 따라 민주주의 내부에서 다시 태어나는 권위주의는 젠더로 향하는 공포의 언어를 통해 시민의 상상력을 잠식하고 복수성에 대한 관용을 억압한다. 그러하기에 버틀러는 젠더 혐오를 단순한 문화 전쟁의 부산물 차원이 아니라 파시즘적 정념이 재구성되는 심리적·정치적 메커니즘으로 분석하는 것이다.

번역의 장면으로써 젠더, 급진적 민주주의에 대한 상상

버틀러는 이 책에서 젠더 논의를 제기하면서 "35년 전에 제시했던 수행성 이론을 옹호하거나 재고하려는 것"이 아니라 "트랜스 이론과 유물론적 비판을 고려"(39쪽)하고 "구성을 몸의 물질적 실재와 구별되는 인공물이나 가짜로 이해하는 방식"(54쪽)의 잘못을 짚는다. 그리고 신체가 자연적 실체가 아니라 사회적 돌봄과 상호 작용에서 구성되는 관계적 물질성이라고 제시한다. 즉 신체가 존재하기 위해서는 타인의 인정, 제도적 지원, 언어적 호명 등이 필요하며 사회적 몸의 생산에 물질적, 사회적 기여가 얽혀 있음을 강조하고 이를 "상호구성(co-construction)"(54쪽)이라 부른다.

이렇게 버틀러가 상호구성을 강조하는 이유는 젠더 담론의 서구 중심성 비판하기 위해서이며, 그는 '젠더 평등'을 서구적 인권 담론의 언어로만 정의할 때 발생하는 식민적 문제를 지적한다. 세계은행과 EU는 젠더 자유와 평등의 대표자가 될 수 없으며, 그래서는 안 된다. 그것은 착취를 자유로 혼동하는 것이다.(95-97쪽 참고)

그런 점에서 젠더는 하나의 언어로 완전히 포착되지 않으며 매번 번역할 때마다 새롭게 구성된다는 점을 강조한다. 버틀러는 "젠더를 번역의 현장"(355쪽)으로 사유할 것을 제안하고 젠더 개념

캘리포니아주에서 열린 프라이드 퍼레이드.(출처: pxhere)

이 단일한 서구어로 보편화되지 못한다고 선언한다. 젠더에는 "번역에 따르는 겸허함을 감수"(364쪽)하는 번역의 윤리, 수행성으로써 번역이라는 과정이 동반되어야 한다는 것이다.

> 우리는 우리가 속해 있는 언어 및 우리가 속하도록 요구받는 언어와, 단일어를 사용할 때의 확신에 수반되는 확실한 사물 감각에서 우리를 벗어나게 하는 타인의 언어 사이에서 번역을 수행할 준비가 되어 있어야 한다.(361쪽)

영어 단어 'gender'를 토착 언어로 번역하고 그 언어의 문맥에서 다시 해석할 수 있어야 진정한 국제 연대가 가능하다고 제시하는 버틀러의 젠더 이론은 탈식민적 페미니즘과 퀴어 이론을 가로지르며 다언어적, 다문화적 연대의 철학적 조건을 제시하고 있다.

『누가 젠더를 두려워하랴』는 버틀러 사유를 결산하는 동시에 새로운 출발점을 마련한다. 이 책에서 버틀러는 젠더 논쟁을 정치적 적대의 문제로 축소하지 않고 '세계가 복수적 존재들과 함께 살아갈 수 있는가'라는 근본적 물음으로 확장하며 함께 살아가기의 윤리적 기술을 모색한다. 이는 이전 저서에도 제시된 바 있는 선택 불가능한 타자와 함께 살아감이라는 공거(co-habitation)에 관한 것이다.*

이 책에서 말하는 공거는 버틀러의 자유에 관한 논의로 분명해지는데, 자유는 개인의 소유가 아닌 관계적 개념으로 재구성해야 한다고 버틀러는 주장한다. 자유는 "우리가 인간으로서 서로에게 묶여 있는 한에서만 존속한다는 사실"(394쪽)을 받아들여야 한다는 것에서 성립한다. 다시 말해 자유는 타자와의 상호 의존에서만 가능하며 나는 자유롭고 싶다는 욕망은 곧 너 또한 자유로워야 한다는 윤리적 명제로 귀결되는 것이다. 이러한 자유는 공유된 취약성에서만 성립하는 조건이기에 우리가 살 만한 삶을 만들고 살 가치가 있는 세계를 만드는 과정을 동반한다.

버틀러가 던지는 '누가 젠더를 두려워하랴?'라는 물음은 젠더

---

* 이러한 버틀러의 공거 개념은 한나 아렌트(Hannah Arendt)의 '정치는 사람들이 함께 있음에서 발생한다'는 복수성 개념의 재해석에서 비롯한다. 버틀러는 다음같이 쓴다. "아렌트가 옳다면 우리는 누구와 함께 살지 선택할 수 없고, 또한 포괄적이고 복수적인 공거의 무선택적 특성을 능동적으로 보존하고 확증해야 한다. 우리는 우리가 결코 선택하지 않았고 어떤 사회적 소속감도 느끼지 않는 이들과 살아갈 뿐 아니라, 그들이 속한 삶과 복수성을 보존할 의무도 진다. 이런 의미에서 이런 공거(co-habitation) 양태들의 무선택적인 특성으로부터 구체적인 정치적 규범과 윤리적 처방이 출현한다. 지상에서 함께 산다는 것은 있을 수 있는 모든 공동체나 민족, 이웃에 선행한다. 우리는 가끔 어디에 살 것인지, 누구 옆에서 혹은 누구와 함께 살지 선택할 수 있겠지만, 지상에서 함께 살 이들을 우리가 선택할 수는 없다." 주디스 버틀러, 양효실 옮김, 『주디스 버틀러, 지상에서 함께 산다는 것: 이스라엘 팔레스타인 분쟁, 유대성과 시온주의 비판』(시대의창, 2016), 237쪽.

의 철학을 넘어 타자성과 변화에 대한 두려움을 직시하게 하며 파시즘으로 흐를 수도 있는 권위주의에 대항하고 급진적 민주주의를 추동하는 상상으로 향한다. 언제나 그러하듯 당대와 호흡하며 여전히 살아 있는 언어로 써 내려간 버틀러의 『누가 젠더를 두려워하랴』는 동시대 세계가 젠더 이데올로기라는 방식으로 타자성과 불확정성을 억압하는 방식을 폭로하며 '우리는 여전히 버지니아 울프를, 그리고 젠더를 두려워하고 있지 않은가?'라고 묻는 것이다. **서리북**

김은주
철학 연구자. 지은 책으로 『페미니즘 철학 입문』, 『여성—되기: 들뢰즈의 행동학과 페미니즘』, 『생각하는 여자는 괴물과 함께 잠을 잔다』, 『인지와 인공지능』(공저), 『디지털 폴리스』(공저), 『디지털 포스트휴먼의 조건』(공저), 『21세기 사상의 최전선』(공저) 등이 있고, 옮긴 책으로 『죽음정치: 증오의 정치에 관하여』(공역), 『제4물결 페미니즘』(공역), 『변신: 되기의 유물론을 향해』, 『페미니즘을 퀴어링!』(공역) 등이 있다.

📖 개인적인 비극과 역사적 사건이 날실과 씨실로 교차할 때, 『귀환』(돌베개, 2018)의 작가 히샴 마타르는 그림 앞에 오래 홀로 서서 시간을 버텨 냈다. 시에나 학파의 그림만을 보는 것이 아니라 뒤늦은 애도와 더불어 버틀러가 제안한 바 있는 공거의 윤리인 '어떻게 살아 나가야 할지'를 알아내려 하며 이 책을 통해 독자를 시에나로 초대한다.

"그림이라곤 거의 찾아볼 수 없었던 당시의 세계에서 그런 회화적 재현은 신자들을 감동시키고 위로하면서, 그들이 믿는 자들뿐만 아니라 상상하는 자들 가운데 있음을, 그리하여 그들이 거룩한 이들과 신성한 이들을 실제로 보았음을 보증했다." — 책 속에서

『시에나에서의 한 달』
히샴 마타르 지음
신해경 옮김
열화당, 2024

📖 이 책은 급격히 변화하는 기술 환경에서 태어나 성장하고 살아가는 세대들을 GEN Z, 디지털 네이티브로 지칭하고 그들이 어떻게 자신을 정체화하는지 그리고 어떤 가치를 지향하는지 탐문하면서 사회적 책임 지기를 모색한다.

"디지털 기술은 정체성 큐레이션을 형성하기도 한다. Z세대는 자신의 사진을 선별해 소셜미디어에 공개하는 행위에 정성을 쏟는다. 실제로 큐레이트curate라는 단어의 어원인 라틴어 큐라레curare는 '돌보다'라는 뜻을 지녔다." — 책 속에서

『GEN Z: 디지털 네이티브의 등장』
로버타 카츠·세라 오길비·
제인 쇼·린다 우드헤드 지음
송예슬 옮김
문학동네, 2025

『(방탕하고 쟁취하며 군림하는) 암컷들』
루시 쿡 지음, 조은영 옮김
웅진지식하우스, 2023

암컷들의 가장 강력한 힘에 대하여

임소연

"여성의 가장 강력한 힘은 아이를 낳지 않는 것입니다."*

2년 전 미국의 한 한인신문에 전면 광고로 실려서 화제가 되었던 문구다. 누가 어떤 이유로 돈을 들여서 이 문구를 신문에 실었는지는 알려지지 않았지만, 한국 여성이라면 공감하지 않을 수 없었을 것이다. 2024년 기준 한국의 합계출산율은 0.68명으로 2023년의 0.72명보다도 낮다. 세계 최저 수치다. 이 출산율 숫자를 들은 한 미국 대학 교수가 "대한민국 완전히 망했네요. 와!"라고 외치는 장면이 인터넷 밈(meme)이 되었을 정도다. 합계출산율이라는 지표 자체가 한 여성이 가임 기간(15-49세) 동안 낳을 것으로 예상되는 평균 출생아 수를 나타내는 지표인 만큼 극단적으로 낮은 출산율은 소위 가임기 여성들이 임신과 출산을 회피하는 적극적인 선택을 하고 있음을 의미한다. 0.68명이 왜 여성들이 아이를 낳지 않는 선택

---

* 배재성, 「"여성 최고 힘, 아이 낳지 않는 것" 기명 신문광고 낸 '방성삼'」, 《중앙일보》, 2023.06.19., https://www.joongang.co.kr/article/25170817.

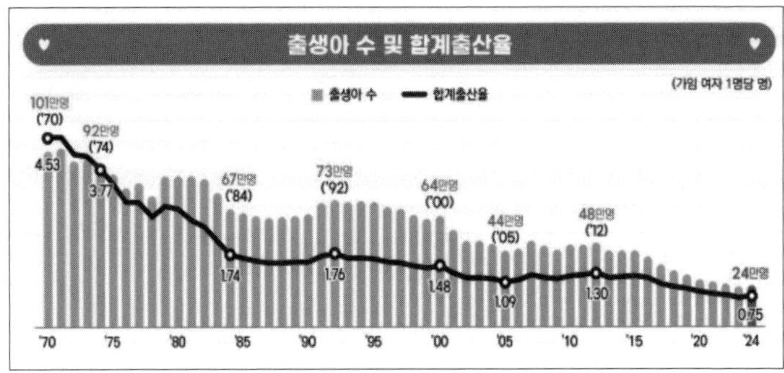

2024 신생아 수 및 합계출산율 통계.(출처: 통계청 인구동향조사)

을 하는 것일까를 진심으로 고민하게 하기에 여전히 높은 수치인 것 같지만 말이다.

암컷들의 스펙트럼과 여성의 위치

『암컷들』에는 그야말로 다종다양한 암컷들이 등장한다. '암컷들'을 수식하는 '방탕하고 쟁취하며 군림하는'은 '여자다움' 혹은 여성에 대한 고정 관념과는 완전히 반대되는 단어들이다. 1장부터 11장까지 다 읽고 나면 기억도 잘 나지 않을 정도로 많은 동물 사례가 등장하는데, 결론은 하나다. 암컷들은 조신하지 않고 수동적이지 않으며 순응적이지 않다. 수컷들을 수식할 수 있는 형용사라면 무엇이든 암컷도 수식할 수 있다. 여성성에서의 해방이다! 내가 쓴 『신비롭지 않은 여자들』에서도 돌진하는 1등 정자를 기다리기만 하는 소극적인 난자가 아니라 많은 정자 중 쓸 만한 것을 골라내는 적극적인 난자가 등장한다. 많은 여성 독자가 마음에 들었다고 내게 말해 주었던 내용 중 하나다. 『암컷들』을 추천하는 국내외 전문가와 언론의 평도 온통 이 해방감에 대한 찬사로 가득하다. 그런데 과연 이 책의 미덕이 이것뿐일까?

　　이 책의 마지막 장에서 저자는 "실제로 생물학적 성은 하나의 스펙트럼상에 존재하며 모든 성은 기본적으로 같은 유전자, 같은 호르몬, 같은 뇌의 산물임을 발견한 것이야말로 크나큰 깨달음"(450쪽)이었다고 말한다. 동의한다. 그러나 내가 이 책을 읽으면서 가장 크게 깨달은 것은 암컷들의 '암컷다움'이 순응부터 지배까지 상상 이상의 스펙트럼상에 존재하며 (생물학적으로는 너무나 당연하게도) 암컷들은 기본적으로 어떤 수컷들도 갖지 못한 힘을 가졌다는 사실이다. "수정되지 않은 난자"(314쪽)는 그 힘의 일부일 뿐이다. 개체에게 주어진, 종의 번식이라는 절대적인 생물학적 임무에서 암컷과 수컷의 역할은 대칭적이지 않다. 특히 인간을 포함한 포유류라면 더더욱. "우리는 번식의 비용을 암컷이 부담하는 태반성 포유류예요. 그렇다면 왜 암컷에게 수컷보다 유리한 상황이 없을 거라고 생각하느냐는 말이죠."(320쪽) 암컷이 번식의 주체라는 사실은 치러야 할 비용이기도 하지만 상황을 유리하게 만들 수 있는 힘이기도 하다. 그 힘은 비용을 치르지 않기로 결정했을 때 극단적으로 드러난다. 특히나 암컷들이 묵묵히 그 비용을 감내하는 상황이라면 더욱더.

　　"현대 다윈주의의 여족장"(31쪽)이라고 불리는 진화생물학자 세라 블래퍼 허디(Sarah Blaffer Hrdy)는 암컷을 "반복되는 번식의 딜레마와 절충을 양쪽에 두고 융통성 있게 대처하는 기회주의적인 개체"(131쪽)로 본다. 암컷에게 지워진 번식의 부담과 암컷에게 주어진 번식의 힘, 이 딜레마와 절충의 결과가 '암컷다움'의 스펙트럼일 것이다. 암컷 인간은 이 스펙트럼의 어디쯤 위치하는가? 인류학자 바버라 스머츠(Barbara Smuts)가 찾은 여성의 위치는 "인류의 진화 과정에" 나타난 "전례 없는 수준의 성적 불평등"(340쪽)에 놓인다.

성적인 절정의 순간에 입이 둥근 모양이 된 암컷 짧은꼬리마카크 원숭이.
(자료 제공: 웅진지식하우스)

아마 가부장제가 더 익숙한 용어일 것이다. 스머츠는 가부장제가 농업, 목축업의 시작과 함께 구축되었다고 본다. 수렵 채집 사회에서 여성은 채집 활동을 통해 일정한 경제적 독립성과 이동의 자유를 가질 수 있었다. 하지만 인류가 집약적인 농업과 목축업을 시작하면서 여성의 이동은 제한되고, 남성은 토지와 자원에 대한 통제권을 확보하며 다른 남성과 정치적 동맹을 맺을 기회를 얻었다는 것이다. "결속하지 않는 암컷"(329쪽)이 핵심이다. 암컷 망토개코원숭이가 스펙트럼의 맨 아래에 있는 이유기도 하다. 수컷 망토개코원숭이는 어린 암컷을 가족에서 분리해 생식 능력을 해치지 않을 정도의 폭력을 행사하며 암컷을 길들인다. 암컷 망토개코원숭이의 '수정되지 않은 난자'를 그 암컷의 것이라 할 수 있을까? 수정된 난자를 품고 새끼를 낳아 길러 내는 일이 암컷의 힘을 행사하는 것이라 할 수 있을까?

암컷의 힘은 어떻게 지워지는가

최근 "엄마 없이 아빠만 둘"*이라는 제목으로 뜬 과학 뉴스를 보고 깜짝 놀란 적 있다. 두 수컷 쥐의 정자만으로 새끼 쥐가 태어난 것처럼 쓰였기 때문이었다. 자세히 읽어 보고 더 깜짝 놀랐다. 엄마가 없다고 할 수 있나? 아니 전혀. 핵이 제거되긴 하지만 분명히 암컷 쥐의 난자가 필요하다. 난자 핵의 자리에 정자를 그냥 집어넣고 섞는다고 해서 수정이 되는 것은 아니기 때문에 적절한 유전자 편집을 통해 수정란을 만들어 낸다. 그렇게 생성한 수정란 259개를 암컷 대리모에게 이식한 후 그중 단 2개만이 착상이 되어 배아로 발달했다고 한다. 그 두 마리의 새끼 쥐가 무사히 태어났고, 성체로 성장했으니, 실험은 성공이다. 그런데 이것만으로도—난자 채취와 대리모를 동시에 해냈다고 가정했을 때—최소한 한 마리의 암컷 쥐가 필요한데 "엄마 없이"라니? 유전자 전달이 곧 번식 행위인 것은 수컷에게나 가능한 일이다. 이렇게 번식에서 암컷의 역할은 쉽게 지워진다.

반면 '아빠 없이 엄마만 둘'은 틀린 말이 아니다. 2022년에 발표된 연구에 따르면 암컷 쥐의 미수정 난자 227개의 유전자를 교정해서 192개의 수정란을 만들었고 이 중 14개가 착상에 성공해 세 마리의 새끼 쥐가 탄생했다고 한다.** 이론적으로는 단 한 마리의 수컷 없이도 오로지 암컷만으로 종족 번식이 가능한 셈이다. 물론—정자의 유전자를 편집해 넣을 수정란을 만들기 위한 인공 난

---

* 서희원, 「"엄마 없이 아빠만 둘"…… 정자로만 태어난 쥐, 번식까지 성공」, 《etnews》, 2025.06.28., https://www.etnews.com/20250627000185.

** 이영원, 「정자 없이 난자만으로 생쥐가 태어났다」, 《조선일보》, 2022.03.08., https://www.chosun.com/economy/science/2022/03/08/BPQBXY6UXFBU7CUS6FNF7LNZI4/.

암컷 범고래는 40살 이후에 더 이상 자신의 새끼를 낳지 않고 대집단인 범고래 사회를 이끈다.
(출처: animalia)

자는 둘째 치고—착상부터 출산까지 가능한 인공 자궁을 개발한다면 수컷들만으로도 번식이 가능하긴 하다. 다만 인류가 현재 인공 자궁보다 인공지능에 비교할 수 없이 많은 돈과 인력을 투입하고 있다는 현실을 직시하도록 하자.

번식에서 암컷의 역할이 지워지는 것은 암컷이 치러야 하는 비용과 암컷이 지는 부담이 무시되는 일이다. 그렇게 되면 번식과 관련한 암컷의 선택권은 최소화되고 책임은 극대화된다. 저자도 썼듯이 다윈이 『인간의 유래와 성선택』에서 주장한 성선택 이론은 1871년 출판 이후 약 100년 가까이 묻혀 있었다. 당시 남성들이 원숭이를 조상으로 모시는 것보다 여성의 선택을 받는 것을 더 힘들어했기 때문이다. 1970년대에 동물학자 로버트 트리버스가 "조신한 암컷과 바람둥이 수컷을 진화생물학의 지도 원리로 승격"(111쪽)하는 논문을 발표하고 나서야 비로소 성선택에 관한 본격적인 연구가 이루어졌다. '방탕하고 쟁취하며 군림하는' 암컷들을 못 본 척하면서.

자연에서 정치를 찾다

이 책의 9장은 가장 의외의 감동과 깨달음을 준 장이다. 완경(完經)에 관한 이야기이자 암컷 범고래의 리더십에 관한 이야기다. 깊고 광활한 3차원 공간인 바다에서 매일 먼 거리를 이동해야 하는 고래들에게 가족은 집과 같다. 범고래 사회는 모계 사회로, 가족을 이끄는 것은 나이 든 암컷이다. 흥미로운 점은 대략 100살 내외까지 사는 암컷 범고래가 완경을 맞는 시점이 40살 무렵이라는 사실이다. 평균 수명이 인간과 비슷하다는 점을 고려하면 완경 시기가 인간 여성에 비해서 빠른 편이다. 40세 이후에는 자신의 새끼를 더 이상 갖지 않고 대가족 집단을 통치한다. 고래들은 서로의 새끼를 돌보거나 몸이 불편한 고래들을 보살펴 주는데 이 역시 나이 든 암컷 범고래의 포용적인 리더십 덕분이다. 저자가 아마도 비슷한 연배였을 '여족장' 범고래 레아를 만난 순간을 묘사한 부분이 특히 인상적이다. "레아에게 난소의 죽음은 주체성의 부활을 예고했다. 그녀는 퇴색되어 사라지기는커녕 사회의 중앙 무대를 차지할 것이다. 무르익은 통찰로 무리의 존경을 받고 무리를 이끌고 앞으로 나아갈 것이다."(373쪽) 이 부분을 읽고 나니 완경의 의미가 완전히

미어캣은 우두머리 암컷만 새끼를 낳는다.(출처: animalia)

새롭게 다가왔다. 난자 생산을 멈춘다는 것은 '수정되지 않은 난자'라는 자원 때문에 벌어지는 모든 경쟁이나 거래에서 자유롭다는 뜻이다. 번식을 위해 절충해야 했거나 기회주의적으로 수행해야 했던 '암컷다움'에서 자유롭다는 뜻이기도 하다. 이 자유로움이 오직 암컷에게만 허락된 것이라니 그 또한 의미가 크다. 레아 덕분에 그리고 레아라는 암컷 범고래를 연구한 과학자 덕분에 완경 후 나의 주체성이 어떻게 부활할지 기대되기 시작했다.

　　다윈의 성선택 이론은 '수컷 동물들이 번식을 위해 가능한 많은 암컷과 짝짓기를 하는 것이니 남성들이 바람피우는 것은 어쩔 수 없다'라는 식으로 자연주의의 오류에 범벅이 된 채 알려져 왔다. 그러나 이 책은 암컷 보노보들이 연대하니까 인간 여성들이 연대하는 것도 자연스럽다거나 당연하다고 주장하지 않는다. 과학사학자 로레인 대스턴(Lorraine Daston)은 『도덕을 왜 자연에서 찾는가?』(김영사, 2022)에서, 도덕의 자연화를 흥미로운 방식으로 설명한다. 인간이 자연에 기대는 이유는 규범을 정당화하는 모든 질서가 자연에 있기 때문이다. 그러나 역설적으로 자연에 인간이 상상하는 모든 질서가 있다는 바로 그 사실 때문에 자연에 기댄 규범은 쉽게 설득력을 잃는다. 그 규범에 맞지 않는 질서 역시 언제나 존재하기 때문이다. 당신은 언제나 '여자는 그럴 수밖에 없어' 혹은 '여자라면 그래야지'의 근거가 되어 주는 암컷을 찾을 수 있을 것이다. 그러나 자연에는 언제나 당신의 도덕에 도전하고 거스르는 암컷들이 있다. 그러니 자연에서 도덕적 근거를 찾는 일은 그만두자. 대신 『암컷들』에서 찾아야 할 것은 정치적 전략이다. '결속하지 않는 암컷'의 정치, 그리고 번식을 하지 않기로 결정한 암컷들의 정치를 위한 전략!

　책의 맨 마지막 쪽에서 저자는 "오랜 성차별주의자 백인 남성에 의해 고안된 이론은 나이 든 성차별주의적 백인 남성 정치가에게 가장 잘 맞는다"(450쪽)고 단언한다. 이 책에는 성차별주의에 '맞지 않는' 연구를 해낸 여러 여성 과학자들이 등장한다. 퍼트리샤 고와티(Patricia Gowaty)는 '암수 표준 모델'에 대담하게 도전하는 바람피우는 암컷 파랑지빠귀를, 퍼트리샤 브레넌(Patricia Brennan)은 암컷 생식기에 대한 고리타분한 편견을 깨는 나선형 질을 가진 암컷 오리를, 나오미 랭모어(Naomi Langmore)는 수컷 새의 전유물로 여겨졌던 새소리에 대한 오랜 오해를 바로잡는 노래하는 암컷 명금류를, 그리고 앨리슨 졸리(Alison Jolly)는 "모든 암컷이 모든 수컷의 우위에 있는 유일한 야생 영장류"(309쪽)인 알락꼬리여우원숭이를 연구했다. '방탕하고 쟁취하며 군림하는' 여성 과학자들은 '방탕하고 쟁취하며 군림하는' 암컷들을 발견하고 창조한다. 그러한 암컷들의 과학은 더 많은, 더 다양한 여성을 결속하는 정치에 가장 잘 맞는 과학일 것이다.

　글의 서두에서 언급한 “아이를 낳지 않는 것이 여성의 힘”이라는 신문 광고는 ‘방성삼’이라는 이름으로 게재되었다. 책 표지에서 포효하는 암컷 사자를 보며 방성삼 씨의 기개를 떠올려 본다.

서리북

임소연

과학기술학자. 동아대학교 융합대학에서 가르치고 연구한다. 주요 관심사는 과학기술과 젠더, 기술과 정동, 인공지능 윤리 등이다. 『신비롭지 않은 여자들』, 『나는 어떻게 성형미인이 되었나』, 『과학기술 시대 사이보그로 살아가기』 등을 썼고, 『겸손한 목격자들』, 『우리 일의 미래』, 『과학과 가치』 등을 함께 썼다.

📖 자연주의의 오류는 생물학의 숙명처럼 여겨질 정도로 흔하다. 자연주의의 오류가 범해지는 만큼이나 자연주의의 오류에 대한 비판도 흔하지만, 이 책만큼 눈이 번쩍 뜨일 정도로 명료하게 비판한 책은 흔치 않을 것이다. 이 책을 읽고 나면 인간이 기댈 수 있는 유일한 것은 이성, 그것도 '인간의 몸에 기반한 이성'임을 이해하게 된다.

"자연은 어느 모로 보나 문화만큼 다양성이 풍부하다. 따라서 자연으로부터 얻은 규범이 인간에 의해 자유롭게 발명된 규범들보다 더욱 설득력 있게 수렴될 것이라는 희망은 환상에 불과하다. 즉 상대주의와 싸우고자 하는 자연주의 전략은 망하게 되어 있다." — 책 속에서

『도덕을 왜 자연에서 찾는가?』
로레인 대스턴 지음
이지혜·홍성욱 옮김
김영사, 2022

📖 과학이 편향되어 있고 성차별적이라는 사실을 아는 것은 중요하다. 그러나 그것만으로는 충분하지 않다. 이 책은 그러한 성차별에 굴하지 않고 편향을 바로잡으며 여성의 건강과 더 나은 삶을 위한 연구를 해온 여성들이 과거에도 있었고 지금도 있으며 앞으로는 더 많아질 것이라고 말해 준다.

"과학은 하나가 아니다. 여성의 주변을 서성이는 과학 중에는 여성을 잘 모르는 과학도 있고 여성을 밀어내는 과학도 있다. 하지만 여성의 친구가 될 만한 과학도 분명 존재한다. 여성의 관점에서 이러한 차이를 잘 분별해 내는 것이 중요하다."
— 책 속에서

『신비롭지 않은 여자들』
임소연 지음
민음사, 2022

CAREER AND FAMILY

커리어 그리고 가정

평등을 향한 여성들의 기나긴 여정

클라우디아 골딘 지음 | 김승진 옮김

생각의힘

『커리어 그리고 가정』
클라우디아 골딘 지음, 김승진 옮김
생각의힘, 2021

평등의 세대,
미완의 구조 위에서

전은지

연구의 밤은 길었고, 평등은 당연했다

나는 1980년에 태어났다. 어린 시절의 나는 평등이 어느 정도 이루어진 시대를 살고 있다고 믿었다. 학교에서는 남녀 구별 없이 능력을 키우라는 말을 들었고, 노력하면 무엇이든 가능하다고 배웠다. 그러나 그 믿음은 학문과 연구의 길로 들어서면서 서서히 수정되었다. 대학원과 오랜 수련의 시간을 거치는 동안 나는 남성 중심의 연구 문화에서 훈련받았다. 여기서 '남성 중심'이란 단지 연구실의 구성원 비율을 뜻하지 않았다. 연구가 운영되는 구조 자체가 돌봄의 책임에서 자유로운 생애를 전제로 하고 있었기 때문이다. 연구실은 늘 늦은 밤까지 불이 꺼지지 않았고, 주말에도 남는 것을 '열정'의 증거로 여겼다. 성취에는 긴 시간이 필요했고, 우리는 그것을 당연한 일로 받아들였다.

그 구조에서 나는 비교적 자연스럽게 적응할 수 있었다. 당시의 나는 돌봄의 의무에서 자유로웠고, 오롯이 연구에 몰입할 수 있었다. 그래서 이 문화가 누군가에게 불리하게 작용할 수 있다는 사실을 깊이 체감하지 못한 채 살아왔다. 나에게는 그것이 너무나 당연한 조건이었다. 나는 그 구조를 받아들였고, 그것이 내가 택한 길의 유일한 방식이라고 믿었다.

박사 학위를 받았을 때는 2012년이었다. 이후에도 긴 수련의 시간이 이어졌고, 2019년에 교수로 임용되었다. 그 과정에서 결혼은 늦어졌고, 현재 아이는 없다. 나는 돌봄의 의무에서 자유로운 상태로 커리어에 전념하고 있다. 아이를 갖지 않기로 한 것은 나의 결정이었다. 아이 이외에도 당장 나의 돌봄이 필요한 가족이 없는 것은 단순히 운이 좋았던 일이다. 이 조건이 맞물리며 지금의 시간을 가능하게 했다. 그러나 이 자유가 오롯이 개인의 의지와 행운의 결과라고 생각하지 않는다. 내가 커리어를 지속하는 배경에는, 여전히 돌봄의 책임이 특정 성별과 세대에 집중된 사회 구조가 놓여 있다. 커리어에 전념할 수 있는 나의 환경은 제도의 성취가 아니라 구조의 한계에서 나타난 예외적 결과일지도 모른다. 돌봄의 시간이 사회 전체의 몫으로 분담되지 않는 한 이런 자유는 언제든 흔들릴 수 있다.

나는 지금도 연구가 전적으로 헌신 위에 세워진다고 믿는다. 몰입과 희생이 없는 성취는 존재하지 않는다고 생각한다. 그러나 클라우디아 골딘의 책을 읽으며 그 믿음이 가능한 이유를 돌아보게 되었다. 나의 헌신은 누군가의 돌봄이 전제된 사회에서만 유지될 수 있다. 나는 구조 바깥에 있지 않다. 여전히 그 구조 안에서 일하고, 그것이 내 커리어의 전제이기도 하다. 다만 이제는 그 구조가 누구의 시간과 희생 위에서 유지되는지 의식하게 되었다. 이 책은 나에게 어떤 답을 주기보다 내가 서 있는 자리의 기원을 묻게 했다.

불평등은 제도가 아니라 시간에 있었다

클라우디아 골딘의 『커리어 그리고 가정』은 지난 한 세기 동안 여성들이 노동 시장과 가정의 경계에서 어떤 제약을 받아 왔는지를 경제학의 언어로 추적한다. 그녀는 방대한 통계와 역사적 자료를 통해, 여성의 임금 격차를 설명하는 기존의 단순한 서술을 넘어선다. 골딘이 보여 주는 것은 차별의 '결과'가 아니라 그 '구조'다. 그녀의 분석은 미국의 대졸 여성 집단을 중심으로 이루어진다. 즉 같은 교육 수준을 갖추었음에도 시대에 따라 커리어와 가정의 관계가 어떻게 달라졌는지를 시간의 축 위에서 살핀다.

골딘은 대졸 여성들을 다섯 개의 집단으로 구분한다. 첫째 집단은 1878-1897년 사이에 태어나 1900-1920년 무렵 대학을 졸업한 여성들로, 커리어와 가정 중 하나를 선택해야 했던 집단이었다. 둘째 집단은 1898-1923년생으로, 1920-1945년 사이에 대학을 졸업했다. 이들은 출산 전까지 일했지만, 그것은 커리어라기보다 출산 이전의 생계를 위한 노동이었다. 셋째 집단은 1924-1943년생으로, 1946-1965년에 대학을 졸업했다. 이들은 아이를 먼저 낳고 돌봄의 시기가 지난 뒤 다시 일자리를 찾아 나섰다. 넷째 집단은 1944-1957년생으로, 1960년대 중반부터 1970년대 말 사이에 대학을 졸업했다. 이들은 커리어를 쌓은 뒤 아이를 갖는 선택을 했다. 그리고 다섯째 집단은 1958년 이후 출생해 1980년 무렵 대학을 졸업하기 시작한 세대로, 커리어와 가정을 동시에 유지하려는 시도를 이어간다.

집단은 달라졌지만, 여성들이 직면한 제약은 완전히 사라지지 않았다. 시대가 바뀔 때마다 제약의 형태가 달라졌을 뿐이다. 초기 집단의 여성들에게는 사회적 편견과 제도적 장벽이 가장 큰 한계였다. 결혼과 출산이 곧 노동의 종료를 의미하던 시절, 여성들은

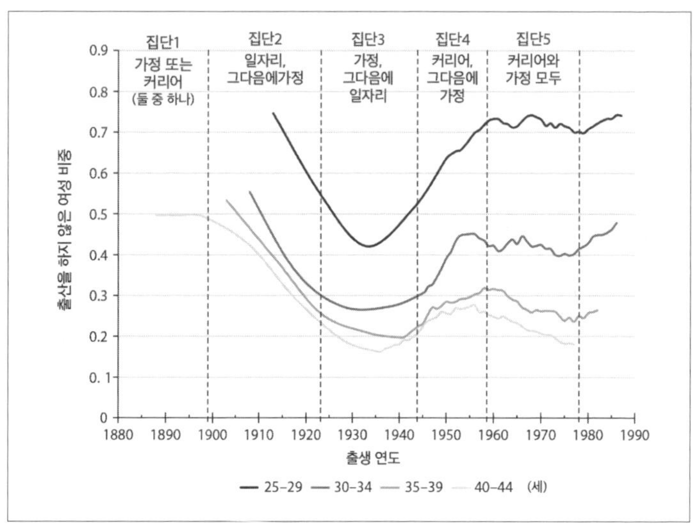

대졸 여성 중 출산을 하지 않은 사람 비중: 연령 및 출생 집단별.(자료 제공: 생각의힘)

커리어를 지속할 기회 자체를 얻기 어려웠다. 이후 제도적 차별이 완화되면서 여성들이 노동 시장에 머무를 수 있는 시간이 늘어났지만, 시간을 사용하는 방식에서 여전히 불평등했다. 가정과 직장은 분리된 공간으로 남았고, 돌봄의 책임은 주로 여성에게 부과되었다. 커리어에 온전히 쓸 수 있는 시간은 성별에 따라 다르게 주어졌다.

골딘의 분석이 탁월한 지점은 바로 여기에 있다. 그녀는 남녀 임금 격차의 원인을 노골적 차별의 잔재에서 찾지 않는다. 기혼 여성이 교직을 그만두어야 했던 시대, 혹은 결혼과 동시에 고용이 종료되던 시절의 제도적 차별은 이미 대부분 사라졌다. 그러나 제도적 장벽이 사라졌다고 해서 불평등이 함께 해소된 것은 아니었다. 겉으로 보이는 기회의 문은 열렸지만, 시간의 구조는 여전히 비대칭이었다. 임금 격차의 근원인 사회의 규칙은 여전히 '누가 더 오래 일할 수 있는지'에 맞춰져 있었다. 격차의 중심에는 시간을 독점하는 노동 구조, 즉 성과를 위해 개인의 모든 시간을 요구하는 '탐욕스러운 일'이 놓여 있다.

　골딘은 노동 시장의 규칙이 여전히 남성의 생애 주기를 기준으로 설계되어 있다고 말한다. 여기서 '남성'은 단순한 성별 구별이 아니라 돌봄의 의무에서 자유로운 생애를 전제한 노동자 모델을 가리킨다. 경력 단절이 없는 생애를 전제로 한 승진 구조, 언제나 일할 수 있는 사람에게 보상이 집중되는 임금 체계, 그 어디에도 돌봄의 시간이 들어설 자리가 없다. 그녀가 제시한 개념인 '탐욕스러운 일(greedy work)'은 이러한 구조의 상징이다. '탐욕스러운 일'은 단순히 긴 근무 시간을 뜻하지 않는다. 시간의 유연성은 배제한 채 언제든 일을 지속하는 사람에게 더 높은 가치를 부여하는 체계다. 높은 보상을 받는 직업일수록 노동자의 모든 시간을 요구하며, 잠시의 노동 단절조차 허락하지 않는다. 문제는 이 체계가 겉보기에는 성별 중립적으로 보이지만, 실제로는 돌봄의 책임을 지는 사람을 자동으로 소외시킨다는 점이다.

　이 구조는 산업 전반에 존재하지만, 과학기술 분야에서 특히 선명하게 드러난다. 연구의 세계는 돌봄의 의무가 없는 생애를 표준으로 삼으며 긴 시간의 연속적 몰입을 전제로 운영된다. 연구 프로젝트의 일정은 개인의 돌봄과는 무관하게 짜이고, 성취는 투입된 시간의 밀도에 따라 평가된다. 나 역시 그 환경에서 일한다. 그러므로 골딘의 논의는 먼 사회학적 담론이 아니라 지금 내가 살아가는 현실의 언어로 들렸다.

　결국 골딘의 핵심은 단순하다. 불평등은 선택의 문제가 아니라 시간의 구조적 불균형에서 비롯한다. 사회가 시간을 공평하게 나누지 못하기 때문에 커리어와 가정생활의 병행은 여전히 개인의 능력이나 의지가 아니라 운과 환경의 함수로 남는다. 그녀의 말대로 우리는 여전히 시간을 공평하게 나누는 법을 배우지 못했다. 과학 기술의 세계 역시 예외가 아니다. 연구의 몰입을 가치로 삼는 지금의 체계는 결국 돌봄의 시간을 감당하는 이들의 보이지 않는 노동 위에서 유지되어 왔다.

평등을 살아가는 세대, 아직 실험은 끝나지 않았다

골딘이 구분한 다섯 집단은 서로 독립된 이야기가 아니라 시간 위에서 이어지는 연속의 과정이다. 한 집단의 선택과 제약은 다음 집단의 출발점이 되었다. 첫 집단이 '가정과 커리어 중 하나를 선택해야 했던 여성들'이었다면, 다섯째 집단은 '커리어와 가정을 동시에 가지려 했던 여성들'이었다. 그사이의 집단들은 앞선 집단이 겪은 제약을 기억하며, 각자의 방식으로 균형을 찾아 나섰다. 각 집단은 이전 집단이 남긴 통찰을 바탕으로 다음 가능성을 모색했다. 그런 의미에서 이 책은 단순한 경제사의 복원이 아니라 여성 노동의 집단 간 학습이 이어지는 시간의 지도다.

　　나의 위치는 그 연속성 이후에 있다. 골딘의 분석이 닿은 마지막 집단은 1958년 이후 태어나 1980년 무렵 대학을 졸업한 여성들이다. 나는 그다음 구간에 속한다. 완전히 다른 집단이라기보다 아직 방향이 확정되지 않은 새로운 구간에 서 있는 집단이다. 우리는 제도적 평등을 전제로 사회에 진입했지만, 평등의 조건이 실제로 어떻게 지속될지는 아직 검증되지 않았다. 학교와 사회는 더 이상 여성을 배제하지 않았고, 평등은 이미 달성된 성취처럼 여겨졌다. 그러나 그 믿음은 시간이 지날수록 균열을 드러냈다.

　　나는 평등이 주어진 집단의 일원으로 성장했지만, 동시에 그

클라우디아 골딘.(출처: 위키미디어)

평등의 불안정한 조건에서 일해 왔다. 여성이라는 이유로 기회가 닫히는 일은 드물었으나, 커리어의 지속 가능성은 여전히 개인의 상황에 따라 달라졌다. 돌봄의 책임은 사회가 아닌 개인의 몫으로 남았고, 일의 리듬은 여전히 '탐욕스러운 일'의 구조를 따랐다. 연구와 일은 언제나 연속적인 시간을 요구했으며, 잠시의 단절은 곧 경쟁에서의 이탈로 간주했다. 제도는 평등해졌지만, 시간의 구조는 평등하지 않았다.

　그래서 나는 종종 묻는다. 우리는 정말 평등한 집단인지 아니면 평등의 실험이 끝나지 않은 집단인지. 나의 집단은 평등을 새로 쟁취한 이들이 아니라 평등이 이미 이루어졌다고 믿는 이들이다. 그러나 그 믿음은 제도의 완성만큼 단단하지 않았다. 현실의 노동은 여전히 긴 연속적 시간을 전제로 작동했고, 커리어와 가정생활의 병행은 각자의 운과 환경에 따라 달라졌다. 누군가는 돌봄을 나눌 이가 있었고, 누군가는 없었다. 그 차이는 능력의 문제가 아니라 구조의 설계에서 비롯한 것이었다.

골딘은 이렇게 말한다. "우리는 현재 우리가 가진 노동 구조를 고쳐 나가면서 지난 한 세기의 여정이 전진해 온 길에 우리 몫의 길을 닦아야 한다."(386쪽) 나는 이 문장을 오래 붙잡았다. 그녀가 말한 '우리'에는 이미 평등을 전제로 살아가는 지금의 집단도 포함되었다. 우리는 그 여정의 끝에 선 것이 아니라 그다음 길을 닦아야 하는 사람들이다. 앞선 집단이 제도적 평등의 문을 열었다면, 이제 우리는 시간의 평등을 재설계해야 하는 집단이다. 그것은 새로운 투쟁이라기보다 미완의 구조를 완성해 가는 일이다.

나는 이 책을 읽으며 내가 속한 구조를 다시 바라보게 되었다. 나의 커리어는 골딘이 기록한 앞선 여성 집단들, 즉 가정과 커리어의 갈림길에서 좌절하거나 퇴장해야 했던 이들의 시도 위에서 가능해졌다. 그러나 그 가능성은 완성된 길이 아니라 여전히 균열이 남은 땅 위에 세워진 길이었다. 결국 나의 커리어는 개인의 성취가 아니라 이전 세대가 바꿔 놓은 제도와 인식의 축적 위에서 성립한 결과였다. 이 책은 그 축적의 궤적을 보여 주었고, 내가 오늘의 구조 속에서 어떤 맥락을 이어받아 일하고 있는지를 자각하게 했다.

지금의 체계는 여전히 '돌봄의 시간이 필요 없는 사람'을 표준으로 삼은 채 작동한다. 나는 우연히 그 기준에 맞아떨어졌을 뿐이다. 나의 자유는 제도의 성취가 아니라 그 불완전한 기준이 허락

문제는 헌신이 아니라 헌신을 요구하는 구조가 특정한 조건을 가진 사람만을 기준으로 설계되어 있다는 점이다.(출처: pexels)

한 한시적 여유다. 이 구조 안에서 나는 비교적 수월하게 일할 수 있지만, 그 편안은 누군가의 시간 위에 세워져 있다. 제도가 완전하지 않다는 사실을 알고 나면 나의 안정 또한 확고하지 않게 느껴진다. 이 불균형을 다음 집단에 그대로 넘길 수는 없다. 골딘의 말처럼 우리는 각자의 위치에서 '우리 몫의 길'을 닦아야 한다. 나의 집단이 그 바통을 쥐고 있다면, 그것은 단순한 승계의 의미가 아니라 미완의 구조를 수정할 책임의 표식이다.

나는 이제 그 질문을 품은 채 일한다. 나의 연구와 나의 시간은 다음 집단이 더 자유롭게 일할 수 있는 구조로 향하는가. 나의 집단이 이룰 평등은 더 많은 여성의 희생으로 유지되는 평등이 되어서는 안 된다. 우리가 닦아야 할 길은 제도의 바깥이 아니라 제도 안에서 새로운 시간을 설계하는 길이다.

다음 세대를 위한 길 위에서

골딘의 결론은 단순하다. 불평등은 개인의 선택이 아니라 시간이 불균등하게 설계된 일의 구조에서 비롯한다. 돌봄의 책임이 여전히 개인의 몫으로 남는 한 평등은 제도의 성취로 완성되지 않는다. 평등은 더 많은 여성이 일하는 사회가 아니라 일과 돌봄이 함께 지속하는 구조를 만드는 사회에서 비로소 가능하다.

그녀가 말한 '탐욕스러운 일'은 지금도 변하지 않은 규칙이다. 언제든 일할 수 있는 사람에게 더 높은 가치를 부여하고, 잠시의 노동 단절조차 허락하지 않는 체계. 문제는 헌신이 아니라 헌신을 요구하는 구조가 특정한 조건을 가진 사람만을 기준으로 설계되어 있다는 점이다.

나의 세대가 해야 할 일은 그 구조를 고치는 일이다. 기회의 문을 연 이전 집단의 여정 위에서, 우리는 이제 일의 규칙을 새로 쓰는 일을 시작해야 한다. 그 변화는 제도만의 몫이 아니라 우리가 어떤 삶을 '지속 가능한 일'이라 부를지를 다시 결정하는 일일 것이다. 골딘은 책의 마지막에서 이렇게 썼다. "여정은 계속된다."(398쪽) 이 문장은 나의 세대에도 그대로 이어진다. 평등의 여정은 아직 끝나지 않았다. 서리북

전은지

본지 편집위원. KAIST 항공우주공학과에서 학생들을 가르치며 희박유동을 연구한다. 우주에서 움직이는 기체의 세계와 그 속의 물리적 질서에 관심이 있다. 과학이 인간의 삶과 만나는 지점을 글로 탐색하고자 한다. 《한겨레》와 《내일신문》 등에 칼럼을 연재해 왔으며 지금도 과학과 인간의 이야기를 이어 쓰고 있다.

📖『보이지 않는 여자들』은 세상에 '보이지 않는 기준'이
어떻게 만들어졌는지를 데이터의 언어로 드러낸다.
클라우디아 골딘이 역사 속 구조적 제약을 추적했다면,
캐럴라인 크리아도 페레스는 오늘날 그 제약이 통계와
제도에서 어떻게 재생산되는지를 보여 준다. '커리어'와
'가정'이라는 오래된 구별이 여전히 유효한 이유를 숫자와
일상을 통해 다시 묻게 하는 책이다.

"젠더 데이터 공백에 있어서 가장 중요한 점 중 하나는
그것이 대개 악의적이지도, 심지어 고의적이지도 않다는
것이다. 오히려 정반대다. 그것은 수천 년 동안 존재해온
사고방식의 산물일 뿐이기에 일종의 무념이라 할 수 있다.
남자들은 굳이 언급할 필요가 없고, 여자들은 아에
언급되지 않는다는 점에서 이중 무념이기까지 하다.
우리가 인간이라 통칭하는 것은 남자를 의미하기 때문이다."
― 책 속에서

『보이지 않는 여자들』
캐럴라인 크리아도 페레스
지음
황가한 옮김
웅진지식하우스, 2020

📖『나의 해방일지』는 일과 관계의 무게에서 '존엄한 삶'이란
무엇인지를 묻는다. 누군가의 곁을 지키는 일, 끝까지 곁에
남아 주는 일의 의미를 인물들의 선택을 통해 드러낸다.
『커리어 그리고 가정』이 사회적 구조 속의 헌신을 다룬다면,
이 작품은 그 헌신이 개인의 마음과 시간에서 어떻게
지속되는지를 보여 주는 이야기다.

"형, 미안해. 괜히 불안하게 해서. 형, 나랑 둘이 있자.
내가 있어 줄게. 나 이거 팔자 같다. 우리 할아버지, 할머니,
엄마. 다 내가 보내드렸잖아. 희한하지? 내 나이에 임종
한 번도 못 본 애들도 많은데. 근데 난 내가 나은 것 같아.
보내드릴 때마다 여기 내가 있어서 다행이다 싶었거든.
귀신같이 또 발길이 이리 왔네. 형, 내가 3명 보내 봐서
아는데, 갈 때 엄청 편해진다. 얼굴들이 그래. 그러니까 형,
겁먹지 말고 편하게 가. 가볍게. 나 여기 있어." ― 책 속에서

『나의 해방일지 대본집』
박해영 지음
오브제, 2023

2025 우주리뷰상 발표

우 주 리 뷰 상

2025 우주리뷰상

최우수작

김선경   콜럼바인 사건: 완전함의 신화와 통제의 구조
『나는 가해자의 엄마입니다』

우수작

강아람   에세이라는 별자리를 관측하는 법
『에세이즘』

김샤론   자유항의 주도자들
『면세 미술: 지구 내전 시대의 미술』

김연주   병명에 관한 변명들: 아프다는 것에 관하여—말하기
『아프다는 것에 관하여: 앓기, 읽기, 쓰기, 살기』

김준수   말더듬이였던 어린 시절의 내가 이 책을 일찍 만났더라면
『나는 강물처럼 말해요』

김태현   등을 바라본다는 것, 성장이라는 죽음을 마주한다는 것
『룩 백』

오효정   독소의 시대, 무너지는 세상의 언저리에서 그 자체로
완전한 버섯을 찾다
『세계 끝의 버섯: 자본주의의 폐허에서 삶의 가능성에 대하여』

이종승 (묵은) 빈 것을 당신께 드리오니
『분더카머: 시, 꿈, 돌, 숲, 빵, 이미지의 방』

임은정   난민적 삶의 가능성과 서사 탐색
『기억·서사』

최우수상 수상자에게는 상금 200만 원, 우수상 수상자에게는 상금 100만 원과 함께 상패가 지급됩니다.
수상작들은 단행본(수상작품집)으로 출간될 예정입니다.

심사 경위

정우현

《서울리뷰오브북스》와 알라딘이 공동 주관하고 아모레퍼시픽재단이 후원하는 '우주리뷰상'은 지난해 첫 회에서 기대를 뛰어넘는 관심과 참여를 확인한 데 힘입어, 올해 두 번째 공모전을 성황리에 이어 갔다. 7월부터 10월 중순까지 약 500편에 이르는 서평이 접수되었고, 이를 통해 단순히 독서에 그치지 않고 직접 서평을 쓰고 타인과 지적 경험을 기꺼이 나누려는 수준 높은 문화가 대중 사이에 꾸준히 확산하고 있음을 실감할 수 있었다. 서평 대상 도서에 제한을 두지 않았던 지난해와 달리, 올해는 알라딘이 선정한 '21세기 최고의 책' 800여 종 가운데서만 대상을 선택하도록 범위를 좁혔다. 전체 응모작 가운데 절반 이상은 소설을 비롯한 문학작품이 차지했지만, 인문학과 사회과학은 물론 자연과학과 예술 등 다양한 분야의 책들도 고르게 독자들의 선택을 받았다. 이에 따라 올해 심사에는 저명한 문학평론가뿐 아니라 여러 분야를 횡단하며 비판적 글쓰기를 지속해 온 전문 작가들이 동참하게 되었다.

심사는 총 여섯 명의 심사위원이 약 2주에 걸쳐 치밀하게 진행했다. 1차 예심을 통해 120편의 작품이 본선에 올랐고, 이후 2차 본심에서 최우수작 1편과 우수작 8편이 최종 선정되었다. 좋은 서평이란 무엇인가라는 질문 앞에서 심사위원들은 각기 다른 기준을 가지고 있었지만, 공통적으로는 서평자가 저자의 책을 충실히 소개하고 비평하면서도 내용에 대한 공감 혹은 이견을 자기만의 목소리로 생생하게 드러냈는지를 중요한 판단 기준으로 삼았다. 나아가 서평이 책에서 얻은 사유를 확장해 인간과 사회를 향한 더 넓은 탐구로 독자를 유도하는지 또한 핵심적인 평가 요소로 보았다. 우수작 선정을 위해 심사위원단은 두 차례 심도 있는 회의를 진행했으며, 그 외 기간에도 온라인으로 활발히 의견을 주고받으며 합의를 향한 길고도 깊은 토론을 이어 갔다. 모든 심사 과정은 익명으로 진행되었고, 표절 여부 검토와 인공지능 사용 의심 분석, 심사위원과의 이해관계 충돌 등도 함께 고려해 최대한 공정성을 확보했다.

　　최종적으로 최우수작은 『나는 가해자의 엄마입니다』를 다룬 김선경의 서평이 선정되었다. 그는 미국 콜럼바인 고등학교 총기 난사 사건의 가해자를 아들로 둔 어머니의 고통스럽고도 절제된 회고록을 소개하며, 개인적 윤리의 문제가 사회심리적 구조와 어떻게 맞닿는지를 정밀하게 짚어 냈다. 독자들이 원작을 새로운 관점에서 바라보게 하고 사회적 논의를 확장했다는 점에서 높은 평가를 받았다. 오카 마리의 『기억·서사』를 다룬 임은정의 서평은 한강의 『작별하지 않는다』를 사례로 들어, 폭력적 사건의 기억을 함께 나누는 것이 어떤 의미를 갖고 어떻게 가능한지에 대한 저자의 논의를 충실하게 따라가면서 공감의 경로를 설득력 있게 제시했다. 에세이 『아프다는 것에 관하여』를 다룬 김연주의 서평은, 질병이라는 경험을 오래 탐구해 온 작가의 근원적이고 복잡한 물음에 대해 독자가 어떻게 능동적으로 응답할 수 있는지를 긍정적이고 단단한 문장으로 보여 주었다.

　　히토 슈타이얼의 『면세 미술』을 대상으로 한 김샤론의 서평은, 건조할 만큼 정직한 그의 예술 비평에 친절한 해설을 덧붙이는 데 그치지 않고, 저자의 문제의식에 정면으로 맞서며 생산적 긴장을 만들어 낸 비평으로 주목받았다. 『에세이즘』에 대한 강아람의 서평은 에세이라는 장르가 필연적으로 지닐 수밖에 없는 불안정성과 주변성을 성찰적으로 탐구한 또 하나의 수려한 에세이였다. 오효정의 독특한 서평은 애나 칭이 쓴 『세계 끝의 버섯』이 제기하는 거대 담론을 일상의 패치들로 끌어내려 삶의 현장에서 실제적이고 감각적인 방식으로 재현해 낸 점이 돋보였다. 『분더카머』에 대한 이종승의 서평은 언어와 의미 전달에 천착하며 살아온 저자의 삶에 바치는 헌사와도 같았다. 번역을 주제로 해 언어의 본질과 그 경이로운 생명력을 낭만적으로 드러냈다.

　　동화책과 만화책을 각각 다룬 두 편의 서평도 당당히 우수작으로 뽑혔다. 조던 스콧과 시드니 스미스의 그림책 『나는 강물처럼 말해요』에 대하여 쓴 김준수는 말을 더듬는 소년이 어떻게 내면의 아픔을 치유하는지를 시적인 비유가 가득한 글과 그림으로 표현한 작가의 예술성을 감각적으로 조망했고, 후지모토 타츠키의 만화 『룩 백』의 서평을 작성한 김태현은 책을 사랑하는 사람들이 자신의 독서를 기꺼이 고백하며 서로 독려하는 환대의 공동체라는 것이 어떻게 만들어질 수 있는지를 보여 주는 특별한 매력을 발산했다고 평가되었다.

　　올해는 소설 같은 순수문학을 대상으로 한 서평들이 꽤 많았으나 아쉽게도 수상으로 연결되지 못했다. 특정 장르의 글에 대해 편견을 갖고 소홀히 대했거나 심사 기준을 필요 이상으로 엄격히 적용했던 것은 분명 아니었다. 총 아홉 편의 선정작 외에도 훌륭한 서평들이 물론 많았지만, 아쉽게도 분량이 너무 짧거나 지나치게 전문적이고 학술적으로 쓰였기 때문에 수상의 기회를 얻지 못한 경우도 있었다. 내년에도 계속될 '우주리뷰상' 공모전에 책을 좋아하는 독자라면 누구나 쉽게 읽고 즐기며 감동을 나눠 가질 수 있는 멋진 서평들이 더 많이 응모되기를 기대한다. 수준 높은 독서와 비평의 문화가 '우주리뷰상'으로 인해 더 넓고 크게 확산하기를 희망하며 모든 수상자께 축하의 메시지를 전한다.

책을 열렬히 사랑하는 사람들은 자신들도 모르는 사이에 놀라울 정도로 특이한 비밀결사를 구성한다. 모든 것에 대한 호기심과 연령의 구분 없이 섞이지 않음이, 결코 서로 만나는 일 없이도 그들을 한데 모아 놓는다.—파스칼 키냐르,『은밀한 생』에서

심사평

부모가 어린 자식을 먼저 보내는 일은 이루 말로 표현할 수 없는 참척이다. 그렇지만 그 자녀가 살인을 한 후 스스로 목숨을 던지는 것은 보통 사람이 상상할 수 없는, 영역 밖의 일이다. 원작자 수 클리볼드는 17년 전에 있었던 미국 콜럼바인 고등학교 총기 난사 사건의 가해자 중 한 명인 딜런의 어머니다. 그녀는 자신의 아들이 벌인 끔찍한 참사를 고통스러운 기억에서 꺼내 한 줄 한 줄 되짚어 간다. 기본적으로 반성적 서사와 방어적 기술이 엮이는 것을 피하기 어려운 이러한 유의 회고록은 르포라기보다 한참 뒤늦게 쓰는 육아일기에 가깝다. 클리볼드 역시 스스로 가해자의 부모라는 메타인지를 하는 동시에 아들이 왜 그러한 경로를 밟을 수밖에 없었는지 조심스레 기록한다. 고통스러울 정도로 담담하게, 그러나 복잡한 생각의 흐름으로 점철된 서사에서, 김선경은 수 클리볼드의 시선에 그리 쉽게 동조하지는 않는다. 좋은 서평의 기본 덕목은 서평 대상이 되는 책을 가까이하되 또 멀리하는 것이다.

　그러한 관점에서 보았을 때 김선경은 클리볼드의 '육아일기'에 내포된 도덕의 평면화 위험을 잘 읽어 냈다. 김선경은 오히려 이러한 비극을 개인의 차원이 아닌 사회 구조에서 비롯한 인과관계의 맥락으로 해석하려 한다. 즉, 김선경은 원작자의 일인칭 윤리 관점을 삼인칭 사회 심리 관점으로 승화시키는 셈이다. 이는 독자들에게 『나는 가해자의 엄마입니다』를 다르게 바라보는 관점을 제공하면서도 사회 구조에 내포된 비극의 반복을 막을 방법에 대한 토론의 장을 제공한다. 김선경이 잘 짚어 낸 것은 일인칭 윤리는 결국 개인에게 책임이 전가되는 도덕적 환원주의로 수렴하지만, 이것의 구조적 맥락을 읽어 낸다면 그 일인칭 윤리마저도 사회적 구조가 암묵적으로 강요하는 틀이 될 수 있다는 것이다. 김선경은 이것이 미국인 개인이나 사회 구조에 국한된 일이 아님도 추적한다. 그는 한국의 치열한 입시 경쟁과 성과 지상주의 담론에도 동일한 불안-통제-관계 단절의 구조가 숨어 있음을 본다. 이 서평은 미국에서 일어난 비극을 한국의 비극적 현실을 반사하는 거울로 보고 있는 셈이다. 이 책 곳곳에 불규칙적으로 튀어나오는 여러 층위의 도덕과 윤리와 규범 사이에서 의미의 혼재는 피할 수 없다. 그렇지만 서평자는 그 통제의 순연 구조까지 놓치지는 않았음을, 끝까지 집중력을 잃지 않고 보여 준다. 『나는 가해자의 엄마입니다』는 사실 여러 맥락에서 앞뒤를 왕복하면서 반복해 읽어야 할 정도로 의미가 복잡하게 얽혀 있다. 김선경 역시 책의 모든 의미를 파악한 것은 아닐지라도 균형 잡힌 시각을 놓치지 않는다. 『나는 가해자의 엄마입니다』와 함께 최우수작 「콜럼바인 사건: 완전함의 신화와 통제의 구조」는 개인과 사회 사이의 구조에 대하여 여러 맥락의 토론 주제가 될 수 있을 것이다.

— 권석준(본지 편집위원)

브라이언 딜런의 『에세이즘』을 다룬 강아람의 「에세이라는 별자리를 관측하는 법」은 단순히 책을 해설하는 데 머물지 않는다. 에세이라는 장르가 품은 불안정한 자리를 천천히 더듬으며, 저자는 그 단어가 문학사에서 감당해 온 오명과 편견을 되짚는다. '에세이'라는 이름이 지닌 모호함의 기원을 언어와 시대의 흐름에서 탐색하는 과정은 담담하면서도 치밀하다. 글은 스스로의 형식 안에서 '에세이즘'을 실험하며, 그 문장은 과하지 않게 균형을 잡고 있다. 강아람은 딜런의 문장을 따라가면서, 동시에 그 너머의 세계를 바라본다. "만약 에세이가 우주에 대해 쓴다면, 우주의 원리에 대해 쓰기보다, 우주의 먼지에 대해 쓸 것"이라는 구절을 인용하며, 에세이가 전체가 아닌 세부를 바라보는 장르임을 상기시킨다. 완결보다 과정, 중심보다 주변을 향하는 시선이 글 전체를 이끈다. 벤야민의 멜랑콜리, 몽테뉴의 사유, 그리고 딜런의 파편적 글쓰기가 자연스럽게 포개지며, 글은 에세이의 사유 방식을 차분히 넓혀 간다.

「에세이라는 별자리를 관측하는 법」은 에세이에 대한 비평이자, 동시에 하나의 에세이다. 설명과 성찰이 번갈아 흐르고, '이 글이 말하는 것'과 '이 글이 스스로 수행하는 것'이 조용히 맞물린다. 이 글은 에세이를 가벼운 산문으로 소비하는 통념에서 벗어나, 그것을 다시 돌아보게 한다. 글을 읽고 나면, '쓴다'는 행위의 의미를 다시 생각하게 된다. 그것은 자신과 세계를 다른 각도에서 바라보려는 시도고, 그 시도의 흔적은 오래 남는다.

— 전은지(본지 편집위원)

히토 슈타이얼은 요약으로는 정확히 소개하기 어려운 저자고 그의 글은 더욱 그렇다. 『면세 미술』의 역자들은 적절하게도 '혼란스럽지만 박력 있는' 글이라고 평했는데, 그의 '혼란스러움'은 글이 부정확해서가 아니라 오히려 극도로 정확해서 발생한다. 부연은 커녕 상술이라는 게 뭔지도 모르는 사람처럼, 논증에 불가결한 문장들만 동원해, 비트겐슈타인이 『논리철학논고』를 쓰듯 쓴다. 너무 정확해서 저체중 상태에 이른 책에 김샤론은 말 그대로 '살을 붙이는' 작업을 한다. 15편의 글이 수록된 책에 대한 서평을 1편의 글만을 대상으로 썼다는 건 결격 사유처럼 보일 수도 있지만, 대상 글이 표제작이기도 하거니와, 이만한 시술을 모든 글에 다 할 수는 없었을 거라고 생각하게 된다. 면세 구역인 제네바 자유항의 미술품 수장고를 대상으로 쓰인 『면세 미술』을 논평하는 글을, 보잉 747이 오슬로 공항 자유항에 있는 면세 창고를 들이받는 장면이 나오는 영화 〈테넷〉을 인용하며 시작하는 건 그리 대단한 아이디어가 아닐지도 모른다.(먼저 발표된 글 중에도 전례가 있다.) 그러나 김샤론은 단지 그럴듯한 도입부를 쓰기 위해 영화 한 편을 끌어들이는 부류가 아니다. 글의 중반부에 이르면 김샤론이 인용한 그 영화가 이번엔 히토 슈타이얼의 책을 생산적으로 들이받는다. 어려운 책에 성실한 주석을 다는 정도에 만족하지 않고, 안 그래도 쉽지 않은 책을 더 쉽지 않은 고민의 자리로까지 밀고 간다. 이 정도면 저자에 어울리는 서평자라는 생각을 할 수밖에 없다.

— 신형철(본지 편집위원)

책을 읽는 데 그치지 않고, 보다 능동적으로 책에 자신을 연루시켜 그것에 대해 무언가 쓰고 싶다는 마음은 어떻게 생겨날까. 독후감 충동이라 명명할 만한 이 신비롭고 힘센 마음은. 적지 않은 경우, 독후감 충동은 서로 응답하고자 하는 사람들 사이에서 교류되는 심적 에너지 같다. 예기치 않은 순간 누군가에게 어떤 물음이 운석처럼 떨어진다. 질문보다는 차라리 의문에 가까운 물음은 그의 실존과 생을 진동시키고 파열의 깊은 틈과 구멍을 남긴다. 상해와 고통의 물음 운석을 뽑아 던질 수 없어서 자기 것으로 삼아, 계속 품고 가야 하는 사람들에게는 이제 답 구하기가 삶의 과제로 주어진다. 물음을 수용하고 그에 대한 답을 찾는 수행의 과정을 존엄하고 성실하게 기록한 책이 있다면, 메이의 『아프다는 것에 관하여』는 그 탁월한 범례다. 저자처럼 물음 운석을 몸과 마음 안에 질병의 형식으로 끌어안으며 살아가는 사람들은 이 책에서 오래 간구한 응답을 발견할 수 있다. 여기서 응답은 물음을 해소하는 최종의 말이 아니라 존엄한 삶의 한 양식을 사는 자들이 서로를 알아보았다는 신호의 영구한 메아리라 해야 할 것이다. 김연주의 서평 「병명에 관한 변명들」은 먼 운석구 하나에서 울려 나오는 결코 놓칠 수 없는 메아리다.

— 윤경희(문학평론가)

『나는 강물처럼 말해요』는 말을 더듬는 아이의 생활과 내면을 따뜻한 시선으로 담아낸 그림책이다. 한순간도 놓치지 않고 쉼 없이 이야기하는 능력을 높이 평가하고 누구나 그렇게 되고 싶어 하는 세상에서 말을 더듬는다는 것이 얼마나 아이에게 큰 슬픔일지, 하지만 그런 아픔을 우리는 어떻게 맞이해야 하는지를 책의 저자는 강물에 덧대 담담하게 이야기하고, 김준수는 자신의 경험을 담아 책의 가치를 우리가 볼 수 있게 펼쳐 보였다. 서평이 단순히 책을 분해하고 심오한 개념들에 기대 평가를 나열하는 것이 아니라, 책에 대한 서평자의 큰 통찰을 펼쳐 보이는 것이라는 점에서 이 글은 탁월했고 감동을 주었다. 아울러 그림책이라는 특성을 고려해서, 책의 줄거리나 내용에만 초점을 맞추는 대신 그것을 어떻게 그림으로 표현하는지 조망하는 부분 또한 훌륭했다. 앞으로도 좋은 책을 선별해서 이번 글처럼 큰 감동을 주는 서평을 계속 써주시기를 기원한다.

— 김두얼(본지 편집장)

평론가가 아니라 일반 독자로서 서평을 쓰는 사람들에게는 묘한 유혹자의 기질과 환대 의식이 있다. 내가 어떤 책을 너무나 좋아하게 되어서 그 마음을 글로 풀어냈어, 너는 부디 내 이야기를 듣고 나와 함께 그 책을 좋아해 주기를, 그리고 그 책에 대한 너의 이야기도 들려주기를. 후지모토 타츠키의 『룩 백』에 관한 김태현의 서평 「등을 바라본다는 것, 성장이라는 죽음을 마주한다는 것」을 읽으면 누구든 그가 열렬히 예찬하는 이 만화를 구해서 어서 읽고 싶다는 조바심이 생겨날 것이다. 그리고 이 만화의 서사와 이미지 배치에 관한 자기의 해석을 그의 것과 견주어 볼 때 어떤 점에서 조응하고 분기하는지 분명 덧붙이고 싶어질 것이다. 김태현의 서평은 이처럼 책을 사랑하는 자들이 자기의 책 읽기를 고백하고 서로의 책 읽기를 독려하며 유혹과 환대의 공동체를 이룰 수 있다는 사실을 다시금 확인시킨다. 나는 김태현의 서평 덕분에 후지모토 타츠키라는, 부끄럽게도 전혀 몰랐던 예술가의 세계에 기꺼이 입문하고 싶어졌다. 유혹은 성공했으며, 나는 나보다 이 책을 먼저 읽은 독자들의 공동체에서 환대받을 것이다.

— 윤경희(문학평론가)

필자의 운이 나빴다면 이 글은 서평의 자격을 갖추지 못했다는 판정을 받으며 수상권에서 멀어졌을 것이다. 그러나 필자는 운이 좋았다. 이 글의 장점을 높이 산 심사위원들이 더 많았다. 그러나 단점을 짚은 이들의 의견은 타당했다. 서평의 대상이 된 책의 학술적·출판적 가치를 다각도로 짚고 있지 않으며 글의 구조에도 납득할 만한 원리가 보이지 않는다. 내용 면에서나 형식 면에서나 느슨한 에세이로 분류될 만한 여지가 있는 게 사실이다. 그러나 이 글에 호감을 가진 사람에게는 그게 달리 보이기도 하는 것이었다. 학술적·출판적 가치를 논평하기 위해 필요한 전문성이나 비판적 거리가 없는 자리에, 아무것도 없는 게 아니라, 하나의 삶과 한 권의 책이 만들어 내는 매력적인 '얽힘(entanglement)'이 있었다. 서평으로 짐작하건대 서평자는 5년 전에 거제도에 정착했고, 가끔 버섯을 캐러 나가기도 하며, 인간과 비인간이 어울려 만드는 대안적 삶의 방식을 고민하는 사람이다. 그런 삶은 『세상 끝의 버섯』을 이렇게 읽을 수밖에 없는지도 모른다. 즉, 책과 거리를 둘 수 없어 차라리 한 몸이 되었을 것이고, 저자와 다른 목소리를 내기보다는 책 옆에 서서 복화술로 말하고 싶었을 것이며, 한국의 현실을 비판하는 식으로 해당 책의 로컬 버전을 쓴 것일 테고, 그래서 글의 구조도 인간 중심적 진보 담론을 닮은 선형적인 그것이 아니라 서평 도서의 구조를 닮은 패치워크 스타일이 됐을지도 모른다. 요컨대 이 서평은 『세상 끝의 버섯』이라는 소나무와 공생 중인 송이버섯 곰팡이 같다.

— 신형철(본지 편집위원)

LLM으로 대표되는 인공지능 세상에서 최근 언어(자연어)가 사고의 틀이 아니라 오히려 지능의 폭발적 발전을 가로막는 벽으로 작용하므로 LLM은 인공지능의 종착점이 아니라는 연구 결과들이 나오고 있다. 어찌 보면 인간의 원초적인 감각과 사고, 그에 기반한 지능을 언어라는 매체 하나로 모두 담아낼 수 있다는 것, 그것을 흉내 낸 인공지능을 구현할 수 있다는 것은 어불성설일지도 모른다. 아마도 진짜 지능은 언어 그 이면에 있는 원초적인 의미의 단위까지 추적하는 난해한 작업을 요구할지도 모른다. 『분더카머』는 번역자로서 윤경희가 언어 그 이전의 다양한 형태들이 서로 관여하는 의미의 흐름을 추적하고 반추하는 책이다. 독일어로 '호기심의 방’이라는 뜻 그대로 윤경희가 『분더카머』에서 전하고자 했던 내용은 의미 이전의 세계, 그리고 번역의 원초적 불가능성이 갖는 한계 앞에서 의미를 전달하는 것의 진짜 ‘의미’에 대한 것이다.

　　이종승이 『분더카머』에서 속 깊이 읽어 낸 것은 이러한 작가의 의도를 파악한 것 그 이상일지도 모른다. 창작자와 소비자 사이, 다양한 층위에서 의미를 해석하고 감수하고 전달한 경험을 쌓은 이종승은 자신의 직업적 배경과 특수성을 그대로 살려 이 책을 한 단계 더 깊이 읽어 낸다. 그가 주목한 것은 의미의 전달을 위해 창작자가 언어 이전의 배열에 쏟은 정성에 담긴 태도다. 이종승은 이러한 의미 전달에 대한 철학과 감각을 동시에 파악해 『분더카머』를 보다 확장적 세계에서 여러 이론과 사례를 통해 다시 평가한다. 서평자가 의미의 확장을 수면 위로 끌고 올 수 있었던 것은 윤경희가 의도했던 기이함이나 호기심의 의미가 종국에는 경이로 확장될 수 있음을 잘 잡아냈기 때문이다. 진열-체험-호기심-경이로 이어지는 의미의 흐름은 결국 창작자와 읽는 사람 사이 의미 전달의 핵심이며, 이는 이종승이 스스로 탐구하고자 하는 원래의 세계와도 부드럽게 연결된다. 서평 「빈 것을 당신께 드리오니」는 윤경희의 『분더카머』와 함께 독자들에게 의미로 가득 찬, 그러나 동시에 빈 상자를 다시 같이 채우자며 손을 내밀고 있다.

　　　　　　　　　　　　　　　　　　　— 권석준(본지 편집위원)

임은정의 「난민적 삶의 가능성과 서사 탐색」은 폭력적 사건을 소재로 한 소설들을 어떻게 읽어야 하는지에 대한 고민에서 만난 오카 마리의 『기억·서사』에 대한 서평이다. 특히 한강의 『작별하지 않는다』를 사례로 들어, 사건에 대한 기억을 나누어 갖는다는 것이 어떤 의미를 가지며, 그것이 어떻게 가능한가에 대한 저자의 논의를 충실히 좇아가며 공감의 길을 모색한다. 언어와 실재 사이의 괴리와 내셔널리즘이라는 장벽을 허물기 위해 난민적 삶을 제안하는 저자의 주장에, 조국을 재정의할 필요성과 서사를 재탐구함으로써 공유의 한계를 넘어설 가능성을 역설한 부분이 인상적이었다. 아마도 분량의 한계 때문이었겠지만, 비판과 설득을 통해 독립적인 논의를 힘 있게 풀어 나갈 서사적 동력이 충분했는가에 대해서는 약간의 아쉬움이 남기도 했다. 더 긴 호흡으로 새롭게 쓰일, 서평자의 다음 글을 기꺼이 읽어 보고 싶다.

— 정우현(본지 편집위원)

심사위원

정우현(심사위원장, 본지 편집위원), 김두얼(본지 편집장),
권석준(본지 편집위원), 신형철(본지 편집위원),
윤경희(문학평론가), 전은지(본지 편집위원)

수상 소감

최우수작 · 김선경

수상 소식을 듣고 한동안 글을 읽고 또 읽었다. 타인의 비극과 고통을 너무 자의적으로 해석한 건 아닐까, 하는 생각이 앞섰기 때문이다. 이 책을 읽은 계기는 오래 품어 온 개인적인 질문에 대한 실마리를 찾기 위해서였다. 수와 딜런에게서 나 자신과 내가 사랑하는 사람들의 모습이 겹쳐 보였기 때문에, 처음에는 감정에 이끌려 초고를 썼던 것 같다. 복잡한 감정이 지나간 자리에 남은 것은 연민과 깊은 감응이었다. 어쩌면 이 글은 내가 두 모자에게서 겹쳐 본 고통의 그림자를 조심스레 옮겨 보려 한 시도였는지도 모르겠다. 최대한 거리를 두고 바라보려 애썼으나 주관적 해석을 완전히 피하지 못한 부분이 있을지도 모르겠다. 그럼에도 이 글이 누군가에게 닿아 작은 울림을 줄 수 있기를 조용히 바라본다. 끝으로 부족한 글을 귀한 자리에 올려 주신 심사위원분들께 깊이 감사드린다. 서툰 문장들을 세심하게 교정해 주신 편집자님, 그리고 공모전을 위해 힘써 주신 모든 분께 진심을 담아 감사의 마음을 전한다.

수상 소감

우수작 · 임은정

사실 서평을 쓰고 싶었던 책은 『작별하지 않는다』였다. 역사 교사지만 문학으로 수업하는 것을 좋아해서 학생들과 함께 읽고 싶었는데, 책이 너무 어려웠다. 책에 대해서 교사인 나 자신이 글 한 편은 쓸 수 있어야 학생들한테 당당하게(?) 같이 읽자고 말할 수 있지 않나 싶어서 일단은 먼저 서평을 써야겠다고 마음먹었다.

오카 마리의 『기억·서사』는 '트라우마와 스토리텔링의 본질에 대한 눈부신 통찰을 담은 최고의 안내서'라는 책 소개로 읽게 되었다. 역사적 트라우마에 맞선 시적 산문이라고 평가받는 한강의 작품 이해에 도움이 될 것 같았다. 하지만 이 책을 통해 역사학과 역사 교육의 관점에서도 중요한 다층적 시간성과 조국을 묻는 상상력을 이해하게 되면서 이 책의 서평부터 써야겠다고 생각했다. 우주리뷰상 공모는 서평 완성에 강제성을 부여하려고 했던 것인데, 이렇게 수상으로 이어지게 되어 얼떨떨하면서도 기쁘다. 책 읽는 역사 수업에 대해서도 자신감이 생긴다. 물론 서평을 다시 읽어 보니 부족한 점투성이지만, 글의 장점을 먼저 봐 주신 심사위원분들과《서리북》담당자분들께 깊이 감사드린다.

최우수작

『나는 가해자의 엄마입니다』
수 클리볼드 지음, 홍한별 옮김
반비, 2016

콜럼바인 사건:
완전함의 신화와 통제의 구조

김선경

1999년 4월 20일, 미국 콜로라도주의 한 고등학교에서 총기 난사 사건이 발생했다. 범인은 다름 아닌 해당 학교에 재학 중이던 두 명의 학생이었다. 이들은 13명의 목숨을 앗아 갔고 24명에게 중상을 입혔으며, 끝내 현장에서 자살로 생을 마감했다. '콜럼바인'이라는 고유명사는 그날 이후 미국 사회의 상흔이 되었고 이후 모방 범죄가 이어지며 교내 총기 난사 사건의 상징처럼 여겨졌다. 남겨진 가해자의 부모들은 자녀를 대신해 모든 비난을 묵묵히 감내해야만 했다. 그러나 오랜 침묵을 깨고 목소리를 낸 사람이 있었다. 바로 가해자 딜런 클리볼드의 어머니, 수 클리볼드였다.

그녀는 사건 발생 17년 만에 『나는 가해자의 엄마입니다(*A Mother's Reckoning*)』라는 책을 세상에 내놓았다. 이 책은 가해자의 유족이자 속죄의 대리인, 부모이자 한 인간으로서 사건 이후 완전히 달라진 클리볼드 가족의 삶을 다시 써 내려간 필사적인 기록이다. 그녀의 문장은 절제되어 있으나 그 속에는 혼란과 자책, 수치심과 비탄이 복류처럼 흐른다. 그녀는 감정을 쏟아내기보다 자신을 다시 마주하며 그 과정을 꾸밈없이 드러내는 글을 써냈다.

　　가해자의 어머니가 책을 썼다는 사실에 반감이 생길 수 있다. 금전적 이익을 얻기 위한 선택으로 보일 수도 있기 때문이다. 그러나 그녀 개인에게 재정적 이익이 돌아간 기록은 없다. 이 사실은 그녀가 인세 수익을 관리하기 위해 설립한 비영리 재단이 미국 국세청(Internal Revenue Service, IRS)에 법적으로 제출한 재정 보고서를 통해 확인할 수 있다. 미국 주요 언론들에서도 이 자료를 근거로 수 클리볼드가 책의 모든 수익을 정신 건강 기금과 자선 단체에 기부했다고 보도했다. 그녀에게 이 글은 생계를 위한 수단이 아니라 끝내 이해되지 않는 일을 이해하려는 시도였다.

　　격한 표현 없이도 고통의 깊이가 전해지는 이유는 그녀가 고통을 회피하지 않고 직면하려 애썼기 때문이다. 그녀는 사랑했던 아들이 그런 참사를 일으킨 원인을 알기 위해 기억을 해체하고, 통념과 싸우며, 자기 자신을 낱낱이 해부한다. 그것은 자신과 아들을 구원하려는 절실한 시도로 보인다. 그래서 그녀의 문장들은 독자의 마음에 오래 머물며 깊은 동요를 일으킨다.

　　그러나 그 시도가 닿았던 세계에는 어쩔 수 없는 한계가 있었다. 수 클리볼드는 끝내 그 한계를 완전히 벗어나지는 못한다. 그녀는 공범자인 에릭 해리스가 사건을 주도했고, 딜런은 그에 동조한 것으로 본다. 이어서 딜런이 그 계획에 동조한 까닭을 '우울증으로 인한 자살 충동'에서 찾는다. 그녀는 자신을 좋은 부모로 여겼으며 만약 잘못이 있다면 그것은 딜런의 우울증을 미처 알아차리지 못한 점이라고 회고한다. 딜런이 '완벽주의적 성향'과 '사춘기의 내면화' 때문에 속마음을 드러내지 않았기에 알지 못했지만, 그럼에도 자신이 더 물어봤어야 한다고 깊이 후회한다.

　　이러한 사유의 흐름은 어쩌면 그녀 자신의 인간적 존엄을 지키기 위한 해명이었을지도 모른다. 그러나 수의 해석은 한 사람이

생전 딜런 클리볼드(왼쪽)와 에릭 해리스.(출처: 위키피디아)

살인 같은 폭력에 가담하게 되는 다층적이고 복합적인 궤적들을 평면화하고, 사건의 구조적 맥락을 흐리게 할 수 있다. 따라서 이 서평에서는 수 클리볼드의 사유가 닿지 못한 구조적 한계를 중심으로 사건을 살펴보고자 한다. 나아가 그 비극을 낳은 심리·사회 구조가 콜럼바인 사건에 한정된 것이 아니라 오늘날 우리 사회에서도 다른 형태로 되풀이되고 있다는 것을 함께 조망하고자 한다.

이상과 통제: 수 클리볼드가 넘지 못한 벽

수 클리볼드의 회고에는 도덕과 신앙, 가정, 생활에서의 질서를 중시하는 태도가 배어 있다. 설탕이 들지 않은 시리얼, 마트 점원을 향한 공손한 인사, 가족이 함께하는 저녁 식사, 술과 담배와 폭력 금지, 한적한 외곽에 있는 집과 딜런이 하교 후 어머니의 사무실로 향하던 일상. 그녀는 질서를 통해 관계를 지키려는 의지가 강했다.

그러나 그 질서는 단순한 규율이라기보다 무너질까 두려운 마음이 만들어 낸 이상에 가까웠던 것으로 보인다.

그녀는 이상적인 질서 안에 있을 때는 평화로웠지만, 그 질서가 흔들리면 공감보다 통제로 대응하는 경향이 있었다. 아이가 부모의 안정을 사랑으로 느낄 때 질서에서 벗어나는 일은 곧 사랑을 잃는 일처럼 받아들여질 수 있다. 그 두려움이 내면화되면 아이는 감정과 욕구를 숨긴 채 그 질서에 맞추려 애를 쓴다. 특히 헌신적인 부모일수록 아이는 불평조차 자신의 잘못으로 느낄 수 있다. 이런 맥락에서 보면 딜런의 유년기를 회고하는 수의 다음 서술은 비판적으로 바라볼 필요가 있다.

> 그냥 넘길 실수나 실패라도 비현실적이고 지나치게 높은 기준을 가진 아이들에게는 큰 타격이 될 수 있다. 자존감이 떨어지고 한때 도전욕을 불타게 만들던 지적 과제에 대한 흥미를 잃게 된다. 지금 돌아보니 딜런이 완벽주의를 타고난 데다 우리가 딜런이 비현실적인 기대를 조정할 수 있도록 돕지 못한 탓에 소외감이 점점 자라났던 게 아닌가 하는 생각이 든다.(143쪽)

수 클리볼드는 딜런이 완벽주의 성향을 타고났다고 말하지만, 완벽주의는 내면의 불안이나 수치심을 감추려는 복합적 방어기제의 표현으로 볼 수 있다. 그것은 기질적 민감성과 부모와의 상호 작용이 맞물려 형성되는 심리 구조다. 주목할 점은 그녀 역시 이상과 완벽을 추구하는 경향을 보였다는 것이다. 이러한 경향은 방어기제가 작동하는 만큼 스스로 그 무의식적 패턴을 인식하기란 쉽지 않다.

정신분석학자 하인즈 코헛은 이상화를 아이가 건강한 '자기

(Self)'를 형성해 가는 필수적인 발달 과정으로 보았다.* 아이는 주 양육자를 거울 삼아 자기를 비춰 보고, 주 양육자를 이상화하며 사랑과 안정의 감정을 배운다. 주 양육자가 아이의 감정에 민감하고 수용적으로 반응할 때 아이는 그 따뜻한 시선을 내면화해 자기를 형성한다. 그러나 이 시기에 충분히 감정을 수용받지 못하고, 주 양육자가 통제적이거나 폭력적인 경우 이상화된 이미지가 왜곡된 채로 아이의 내면에서 자기를 대신한다. 이렇게 내면의 발달이 성숙한 형태로 통합되지 못하면 성인이 되어서도 자기를 이상적인 존재로 여기거나 타인을 이상화하고 의존하는 경향이 나타나기도 한다.

　　생애 초기 이상화 욕구는 보통 3-6세 사이에 뚜렷하게 나타난다. 이 시기의 기록은 제한적이어서 클리볼드 부부가 아이를 통제적으로 대했는지 단정하기는 어렵다. 다만 그 경향은 주로 청소년기 양육 태도에서 확인할 수 있는데, 이때 클리볼드 부부는 아이들이 문제 행동을 보일 때 대체로 행동을 교정하는 데 집중했다. 이것은 첫째 아들 바이런이 마리화나를 피웠을 때 방을 샅샅이 뒤지고 벌을 준 것에 더해 친구 관계까지 단절시키는 모습에서 명백히 드러난다. 그들은 일탈의 이유에 관해 대화하고 이해하기보다 훈계와 감시, 처벌로 대응했다. 특히 딜런이 첫 중범죄(차량 내 전자기기 절도)를 저질렀을 때 그녀의 회고는 반복되는 도덕과 규범의 언어로 가득했다.

　　"어떻게 그렇게 도덕적으로 옳지 않은 일을 한 거니?"

---

* 하인즈 코헛, 이재훈 옮김, 『자기의 분석(*The Analysis of the Self*)』(한국심리치료연구소, 2002).

"그런 행동이 윤리적이라고 생각하니?"

"십계명은 따라야 한다. 살인하지 말라, 도둑질하지 말라.(……) 반드시 따라야 하는 규범이야."

자리에서 일어나기 전에 나는 딜런이 우리의 신뢰를 깨뜨렸다고 말했다. 감시도 받을 것이고 행동에도 제약이 있을 것이라고 했다.(315-316쪽)

그녀는 훈계를 통해 딜런에게 도덕과 규범을 가르쳤다고 생각했지만, 딜런의 일탈은 무지에서 기인한 것이 아니었다. 훈육은 감정을 무시한 교정으로 결코 이루어지지 않는다. 공감 없는 처벌은 오히려 반발을 일으키고 관계를 단절시킬 수 있다. 훈육을 통해 아이를 변화시키려면 먼저 마음을 이해하고 수용하는 감정 연결이 선행되어야 한다. 잘못을 인정한 딜런은 집에서까지 감시와 처벌을 받는 것이 부당하다 말했지만, 이는 수용되지 않았다. 수는 나중에 이 대응을 후회했지만, 그녀가 후회한 것은 아들의 마음을 돌보지 못한 것이 아니라 교정 시설에 보내지 않았다는 점이었다.

수 클리볼드는 좋은 부모가 되는 것을 포함해서 도덕과 윤리, 신앙 등 삶의 전반에서 이상적 기준을 내면의 지침으로 삼는 것 같았다. 이것은 그녀가 훗날 정신 건강 증진을 위해 헌신하며 사회에 공헌하고 자신을 회복하는 힘이 되기도 했다. 그러나 그녀는 자신이 세운 이상적 기준 바깥의 행동들을 선뜻 받아들이기 어려워했다. 사건 이후 남편의 반응과 자신의 태도를 비교한 서술에서 자신을 더 합리적이고 성숙하다고 여기는 기색이 은근히 드러나기도 했다.

그러나 이러한 태도는 단지 그녀 개인의 성향에 그치지 않는다. 이상화가 인간 발달의 중요한 단계인 만큼 이상주의는 우리가 대부분 공유하는 사유의 흐름에서도 쉽게 발견할 수 있다. 플라톤 이후 서구 사유의 한 축은 완전한 이상을 추구해 왔고, 그 흐름은 기독교적 도덕과 근대 규범 형성에 영향을 미쳤다. 이상주의 그 자체가 문제가 되는 것은 아니다. 오히려 이상을 지향하는 마음은 인간의 성장과 성찰에 필요한 내적 동력이다. 문제가 되는 지점은 그 이상이 우열을 가르는 기준으로 작동하는 경우다.

룰루 밀러가 『물고기는 존재하지 않는다(*Why Fish Don't Exist*)』에서 조명한 우생학은 바로 그런 왜곡된 이상주의의 극단을 보여 준다. 미국 사회에서 자행된 우생학 정책들은 더 나은 인간을 만들겠다는 명분 아래 특정 인종과 계층, 장애가 있는 이들을 배제하고 통제했다. 특히 열등한 존재로 판명된 경우 강제 불임이나 낙태 시술이 합법적으로 자행되었다는 사실은 매우 충격적이다. 이런 사례들은 왜곡된 이상주의가 미국 사회에서 인간의 가치를 선별하는 사고의 구조로 작동했음을 분명히 드러낸다.

이런 극단적인 사례가 아니더라도 왜곡된 이상주의는 우리 주변에서 흔히 마주하는 심리 구조다. 다만 이상은 모두에게 같은 얼굴로 나타나지 않는다. 어떤 이에게는 성취와 권력, 또 어떤 이에게는 규율과 도덕, 신앙의 형태로 드러난다. 수에게는 '선하고 올바른 사람이 되는 것' 그 자체가 기준이었던 것 같다. 그녀는 타인을 돕고 윤리적으로 살아가려 애쓴 사람이었고, 실제로도 사회에 공헌하는 삶을 살았다. 그렇기 때문에 그녀는 자신을 지배하던 무의식적 구조를 충분히 자각하기 어려웠을지도 모른다.

그러나 그녀가 놀라울 만큼 깊고 진솔하게 자신의 내면을 드러냈기에 우리는 이 책을 통해 그녀의 무의식적 구조를 더욱 선명히 마주한다. 자신의 무의식은 스스로 인식하기 어렵다. 바로 그 점에서 『나는 가해자의 엄마입니다』는 한 가정의 비극을 넘어 인간 내면의 구조를 비추는 성찰의 기록이 된다. 수의 고백은 우리를 불편하게 하지만, 그 불편이야말로 내면의 왜곡된 이상주의를 인식하는 기회가 된다. 그것을 응시할 때 우리는 비로소 그 구조의 반복을 멈추고 자신과 타인 모두를 파괴하지 않는 새로운 경계를 세울 수 있다.

미국 사회의 종교 문제

책을 따라가다 보면 마치 수 클리볼드가 자신의 선함과 올바름을 증명하기 위해 쓴 것처럼 읽히는 부분이 있다. 그녀는 딜런을 도덕과 윤리, 신앙의 질서 안에서 바르게 키웠다고 믿었고 그래서 딜런의 '선함'을 끝내 의심하지 않으려 했다. 그녀는 문제의 원인이 '우울증'에 있었다고 굳게 믿었다. 이런 서술이 변명처럼 보일 때 독자에게 불쾌감을 남길 수 있다.

그러나 이런 해석 방식은 당시 미국 사회 전반에 퍼졌던 도덕적·신앙적 해석의 프레임과 맞닿아 있다. 범인이 학생이었다는 이유로 많은 이가 가정의 도덕적 문제와 양육 결함을 문제 삼았고, 가해자의 부모들을 비난했다. 비극을 개인의 타락으로 설명하는 관성은 구조의 문제를 감추고 책임을 개인에게 돌리게 한다. 수는 이런 사회적 압박 속에서 자신과 아들의 도덕적 선함을 통해 그 프레임에서 벗어나려 했던 것 같다. 왜 그녀는 그렇게 '선'을 강조해야만 했을까? 그 배경은 데이브 컬런이 사건을 10년간 추적해 엮은 『콜럼바인』(문학동네, 2017)에서 선명히 드러난다.

이 사건에 얽힌 종교적 사례들을 보면 미국 사회에 깊이 뿌리내린 이분법적 세계관을 엿볼 수 있다. 그중에서도 가장 상징적인 사례가 하나 있다. 한 여학생에게 에릭이 총구를 겨눈 채 "신을 믿느냐"고 묻자, 그녀가 죽음을 앞두고 "믿는다"고 대답했다는 일화가 미담으로 퍼진 일이다. 후에 사실이 아닌 것으로 드러났지만, 이미 순교자 신화로 변모되어 종교적 간증의 형태로 확산하는 것을 막을 수 없었다. 피해자의 어머니는 딸을 신앙의 순교자로 기념하며 책을 출간했고, 일부 교회들은 이 사건을 '선과 악의 전쟁'으로 재구성하며 에릭과 딜런을 악으로 규정했다. 비극은 신앙의 승리로 변주되었고 그 과정에서 누군가는 신앙적 감동을, 또 누군가는 실질적 이익을 얻었다.

이렇게 사건 이후의 미국 사회는 '나쁜' 가정의 문제나 '악'한 개인의 문제로 비극을 정리하며 불편한 질문들을 미뤘다. 도덕적 확신은 '우리는 선하다'는 자기 위안으로 이어졌고 폭력의 근원을 구조가 아닌 개인의 타락에서 찾게 했다. 그러나 그 이면에는 고통을 이해하기보다 억압하고 통제하려는 왜곡된 신앙이 자리하고 있었다. 신앙은 본래 인간의 고통을 위로하는 언어지만 그 고통을 신의 질서 속에 가두는 언어가 되기도 한다. 물론 미국 사회 전체가 이런 도덕적 환원에 머문 것은 아니다. 많은 학자와 시민은 사건의 구조적 원인을 논의하며 총기 규제와 교육 제도, 정신 건강 시스템의 부재를 지적했다. 그러나 여전히 주류 담론의 중심에는 신의 뜻과 도덕적 선이 있었다.

종교적 신념을 통해 상황을 재해석하는 것은 동시에 폭력 행위에 대한 정당성을 부여하는 합리화로 기능하기도 했다. 미국은 금욕과 속죄를 중시한 청교도 신앙 위에 세워진 나라다. 그들은 신의 뜻이라는 명목으로 원주민을 학살하고 내쫓았으며 그 위에 자신들의 도덕적 공동체를 건설했다. 이런 선악과 우열의 이분법적 사고는 흑인 노예제와 인종차별적 제도에 일정한 논리적 정당성을 부여했고, 이후 총기 소유 규제에서도 백인 중심의 법이 형성되는 데 영향을 미쳤다. 도덕과 신앙은 미국 사회에서 때로 폭력을 정당화하거나 위계를 유지하는 논리로 작동해 왔다.

수가 딜런의 문제를 우울증으로 해석한 것은 어쩌면 자신과 딜런의 선함을 지키려는 무의식적 합리화였을지도 모른다. 수는 우울증과 자살 문제로 고통받는 사람들을 돕는 일에 헌신하면서 그 신념을 더욱 공고히 했다. 이를 통해 그녀는 다시금 도덕의 질서 안에 자신과 딜런을 위치시킨 것으로 볼 수 있다. 수는 딜런을 이해하기보다 그의 선함을 증명해 구원하려 했다. 그것은 종교적 심판과 사회의 비난에서 자신과 아들을 지켜내려는 시도였다. 미국 사회가 그토록 자유와 평등, 도덕 같은 선을 말하면서도 폭력과 고통을 반복하는 이유는 어쩌면 그 선이 여전히 누군가를 심판하기 위해 작동하기 때문인지도 모른다.

공유된 폭력의 구조

수 클리볼드는 계속해서 딜런의 양육에 문제가 없었다고 말한다. 그녀는 딜런을 사랑했고 늘 대화하려 했고 잘못된 길로 갈 때면 훈육했다고 증언한다. 수는 살인의 책임이 딜런에게 있다는 것을 부정하지는 않지만, 딜런은 바른 환경에서 자란 '착한 아이'였고, 에릭 해리스라는 '나쁜 친구'의 계획에 따랐다는 믿음을 놓지 않았다. 그러나 에릭 해리스와 딜런 클리볼드의 관계를 살펴보면 단순한 동조의 문제가 아니었다. 중요한 것은 이 두 아이의 만남 그 자체였다.

콜럼바인 고등학교는 전형적인 미국 교외 지역의 고등학교였다. 그곳에는 위계가 있었고 그 위계는 대부분 육체적 힘, 외모, 사교성, 운동 능력 같은 지표를 기준으로 나뉘었다. 운동부에 속한 소년들은 인기를 독점했고, 약하거나 개성 있는 학생들은 조롱과 폭행의 대상이 되었다. 딜런은 키가 크고 집도 부유하며 학교 성적이 우수했던 학생이었지만, 높은 위계에 있는 학생들에게 반복적으

콜럼바인 고등학교 위성 사진.(출처: 위키피디아)

로 모욕을 당했다. "게이"라는 조롱과 괴롭힘은 그에게 던져진 일상적인 폭력이었다. 딜런에게 케첩 따위의 소스를 뿌리는 행위를 장난처럼 여겼지만, 그 폭력들은 그를 조용히 파괴해 갔다.

그는 부모에게서 분노와 공격성이 표현해도 괜찮은 감정이라고 배우지 못했을 가능성이 있다. 딜런이 하급생들을 대상으로 분노했을 때, 수는 상황을 자세히 확인하지 않고 "상대하지 말고 무시하라"(300쪽)거나 "아이들이 불쾌하게 군다고 화내지 말라"(301쪽)고 말했다. 폭력에 대한 수의 억압은 딜런이 친구 집에 놀러 갔을 때의 일화에서 드러나기도 했다. 그녀는 신세지는 친구 부모에게 전화를 걸어 어떤 영화를 보여 줄 건지 묻고 "좀 덜 폭력적인 걸 보여주라"(206쪽)고 여러 차례 당부하기도 했다.

이런 배경에서 딜런은 분노를 건강하게 표현하는 법을 배우지 못했던 것 같다. 외부로 향하는 분노와 공격성이 억압되면 그것은 결국 자신을 향한 혐오로 전환된다. 딜런의 일기에는 그런 양가적인 내면이 직접적으로 드러난다. 그는 사랑과 증오, 선과 악의 끝나지 않는 싸움에 대한 생각을 반복했고 진정한 사랑을 갈망하면서도 자살을 원했다. 이러한 이중적인 언어는 단지 혼란스러운 사춘기 영향만이 아니다. 그것은 '사랑받고 싶은 자아'와 '그럴 자격이 없는 자아' 사이에서 찢어진 주체의 고통이다. 그는 자신을 사랑하지 못하는 세계에서 자신을 지우는 방식으로밖에는 저항할 수 없었던 것이다.

이런 배경에서 에릭 해리스와의 만남은 단순한 친구 관계 이상의 의미였다. 에릭은 딜런보다 훨씬 노골적으로 공격적이고 반사회적인 인물이었다. 그는 또래에 대한 분노를 직접적으로 발산했고 자신을 신이나 초월자로 상상하며 현실을 경멸했다. 그는 인류 멸종에 대한 공상에 심취했고, 못된 장난이나 범죄를 '사명'이라 부르며 즐겼다. 딜런은 처음에는 장난으로 그 사명에 동참했을지도 모른다. 그러나 이들은 서로의 파괴성을 증폭했고 범죄는 점차 대담해져 갔다. 결국 첫 중범죄(차량 내 전자기기 절도)를 저지른 뒤 딜런은 소극적으로 드러내던 자신의 우월성과 사람들에 대한 경멸을 에릭처럼 대놓고 표현하기 시작했다.

이 시점에서 우리는 딜런이 이 사건에 가담한 이유를 다시 바라보아야 한다. 딜런은 사랑받고 싶었지만, 내면에 분노와 폭력을 가진 자신을 사랑할 수 없었고, 에릭은 그렇게 억압된 감정들을 해방시켜 주는 유일한 수신자였다. 에릭 또한 딜런이 가담했기에 공상에 머물던 범죄를 실현할 수 있었다. 그렇기에 그들의 범죄는 누군가의 주도로 저질러진 것이 아니라 상호적이었다. 수가 인용한 "에릭이 없었다면 콜럼바인 사건은 일어나지 않았을 거라고 생각합니다"(269쪽)라는 프랭크 옥버그 박사의 말은 옳다. 그러나 이는

현장 CCTV에 찍힌 에릭과 딜런.(출처: 위키피디아)

반대로도 성립될 수 있다. 그들이 사건이 일으키기 약 한 달 전부터 촬영한 "지하실 테이프"*의 내용을 언급한 부분에서 그들은 현실을 떠나 하나의 폐쇄된 신념 체계를 만들고 서로 강화해 갔다. 세상이 비춰 주지 못한 서로의 얼굴을 그들은 상대의 눈에서 찾았다.

　　이 사건을 악한 자에게 동조한 선한 자의 구도로 바라보는 순간 우리는 가장 중요한 것을 놓치게 된다. 물론 두 사람 사이에는 분명히 주도-수동 같은 힘의 비대칭이 존재했다. 그러나 그것은 가학과 피학, 지배와 복종의 심리 구조를 연상시킨다. 강한 자는 외부를 지배하고 약한 자는 내부를 억압한다. 그러나 그 방향은 언제든 바뀔 수 있다. 내부를 향하던 자학은 외부를 향한 폭력으로 전환되기도 하며 외부를 향하던 분노가 결국 자기혐오로 되돌아오

---

* 데이브 컬런, 장호연 옮김, 『콜럼바인』(문학동네, 2017), 542-561쪽.

기도 한다. 그렇기에 에릭과 딜런은 명확히 나뉘는 두 주체가 아니라 서로를 비추는 그림자였다.

　　에릭은 일기장에 강간과 파괴의 환상을 써 내려갔고, 딜런은 사랑과 고통, 자살의 시를 썼다. 에릭은 세상을 향한 심판의 언어를 말했고, 딜런은 자신을 향한 절망과 혐오로 침잠했다. 하지만 딜런의 분노가 끝내 밖을 향한 것처럼 그 파괴는 단지 에릭의 것이 아니었다. 그들 안에 있던 폭력은 결국 공유되었다.

　　우리는 여전히 남을 해치는 범죄를 해석할 때 선과 악이라는 익숙한 도식에 머무르려 한다. 그편이 쉽고, 덜 고통스럽기 때문이다. 그러나 『나는 가해자의 엄마입니다』가 진정 우리에게 던지는 질문은 그 너머에 있다. 도대체 무엇이 두 아이를 그런 선택으로 몰고 갔을까. 그것은 결코 한 사람이나 단일한 관계로 환원될 수 없는 복합적인 문제인 까닭에 콜럼바인은 하나의 사건이 아니라 구조로 바라보아야 한다. 그리고 그 구조는 우리 모두가 속한 세계에서도 반복될 수 있다. 그렇기에 이것은 단지 그들의 문제가 아니라 우리의 문제이기도 하다.

경쟁의 이름으로 반복되는 구조

수 클리볼드의 통제가 도덕적 기준으로 작동했다면, 오늘의 한국 사회는 자본과 관련한 가치 체계를 통해 우리를 통제하는 듯 보인다. 죄를 기준으로 선악을 가르는 것처럼 성취와 뛰어난 자질이 금전적 보상과 맞물려 인간의 가치를 구획하는 경우가 많다. 기준은 다르지만 구조는 크게 다르지 않다. 도덕의 엄격함이 경쟁의 강박에, 신의 시선이 타인의 시선에 겹친다.

　　개그우먼 이수지가 연기한 '대치맘'은 한국 사회의 통제적 이상주의를 상징적으로 드러낸다. 그녀는 아이의 감정을 이해하는 법을 알고 불안을 인식하며 마음을 헤아리는 것처럼 보인다. 그러나 모든 이해의 언어는 결국 통제의 연장선상에 놓인다. "돈 두 댓(Don't do that)"이라는 말은 아이의 정서를 다스리는 조언처럼 들리지만, 그 속에는 '나를 화나게 하지 마라', '너의 감정은 성과에 방해가 된다'는 무의식적 명령이 스며 있다. 오늘날의 통제는 더 이상 외부의 강요가 아니라 심리학적 언어를 입은 내면의 명령으로 작동한다.

오늘날 한국 사회의 엄마는 이처럼 도덕적 엄숙함 대신 정보와 노력으로 자신이 좋은 엄마임을 증명하려 한다. 아이의 감정을 분석하고 학습법을 연구하며 전문가의 언어로 육아를 대신한다. 발달 단계를 수치로 평가하거나 조기 교육과 경쟁에 일찍 편입시키는 일도 이제는 낯설지 않다. '이건 자존감을 높이기 위한 거야', '이건 정서 발달에 좋아'. 그러나 그 언어는 사랑의 형태를 한 통제이기도 하다. 아이의 마음을 읽어 주는 듯하지만, 두려운 실패를 미리 제거하려는 시도일 수 있다. 부모가 아이를 위해 애쓰는 한 통제는 언제나 선의의 얼굴을 하고 있다.

이 불안은 세대를 거쳐 이어져 왔다. 산업화와 전쟁, 급격한 경제 성장을 지나며 생존의 긴장은 집단적 기억으로 남았다. 그렇게 형성된 불안은 사회적 정서가 되었고, 사람들은 자신을 끊임없이 증명해야 한다는 감각 속에서 자랐다. 그 결과 성취하지 못한 자신을 부끄러워하고 그 부끄러움이 자아의 밑바탕이 된다. 불안을 내면화한 세대가 또 다른 불안을 길러내는 셈이다. 그래서 자녀를 성과로 관리하는 일은 단지 교육 문제가 아니라 불안을 다루는 방식으로써의 통제다. 이러한 통제는 결국 관계를 단절시키고 만다.

그래서 한국의 경쟁 구조는 단순히 경제나 교육의 제도적 문제로만 볼 수 없다. 그것은 한 사회의 정서적 습관이자, 어쩌면 일종의 신앙처럼 내면화된 믿음에 가깝다. 성취는 구원을 약속하는 듯하고, 실패는 타락처럼 느껴진다. 누군가의 성공은 타인의 불안을 자극하고, 그 불안은 다시 경쟁을 부른다. 수가 신의 시선으로 아들을 바라보았듯 우리는 타인의 시선을 통해 자신의 존재를 확인하려 한다. 괜찮은 부모, 유능한 직장인, 성실한 시민이라는 이름 아래 사람들은 끊임없이 자신을 평가하고 조용히 심판한다.

　　이 구조는 점점 더 정교해지는 중이다. SNS의 타임라인은 비교의 미학으로 작동하고, 사람들은 자신을 더 효율적으로 관리하는 법을 익혀 간다. 수가 자신의 선함을 증명하기 위해 봉사와 헌신의 언어를 사용했던 것처럼 우리는 자기계발과 자기 관리의 언어로 자신을 설득한다. 불안은 소비를 자극하는 전략적 감정이 되었고, 동시에 불안을 감춘 '괜찮은 나'를 보여 주는 것을 일종의 자산처럼 쓴다. 그사이에서 진짜 감정은 점점 희미해지고, 남는 것은 감시와 비교의 습관뿐인지도 모른다.

　　결국 수 클리볼드의 도덕과 우리의 경쟁은 모두 불안을 견디기 위한 통제의 형태라는 점에서 닮았다. 사랑하는 아이가 사회에서 도태될까 두렵고 실패한 자신을 마주하기 두려워서 우리는 그것을 옳음과 성취의 언어로 포장한다. 『나는 가해자의 엄마입니다』가 비추는 것은 그 구조가 남긴 인간 내면의 단절이다. 딜런이 그 구조 안에서 자기를 잃은 것처럼 많은 이가 경쟁의 이름 아래 조금씩 자신을 잃어 간다. 완전을 향한 욕망이 사실은 불안과 두려움에서 비롯한 것임을 알아차리지 못한다면 이 구조는 형태만 달리한 채 계속 반복될 것이다. 불안과 두려움을 통제의 언어로 번역하지 않고 공감과 이해의 언어로 드러내야지만 비로소 그 반복을 멈출 수 있을 것이다.

이해가 시작되는 자리에서

콜럼바인의 비극은 한순간의 사건이 아니라 사회와 개인 사이의 상호 작용 과정에서 만들어진 구조의 연쇄였다. 그 구조 안에는 인간의 발달 단계에서 비롯한 왜곡된 이상주의가 있었고, 그로 인해 '악', '열등', '나쁨'을 구분하는 통제와 폭력이 정당화되었다. 수 클리볼드는 자신을 좋은 사람으로, 모범적인 신앙인으로 이상화했다. 그러나 완전함을 향한 신념은 어느새 가족 간의 감정적 거리를 만들고, 이해보다는 판단과 통제의 형태로 변했다. 그녀는 선을 행하고 있다고 믿었지만, 바로 그 믿음 때문에 아들의 고통을 보지 못했다.

　　그녀가 책을 통해 보여준 가장 인간적인 면은 바로 그 한계에 있다. 그녀는 자신이 옳다고 믿은 신념을 끝내 의심하지 못했다. 대신 자신의 잘못을 몰랐던 일로 정리하고 그 무지를 속죄로 감쌌다. 그것은 자신의 구조를 유지하기 위한 방어였고, 그녀가 끝내 넘지 못한 벽은 죄책감이 아니라 자신을 지키려는 그 마음이었다. 그러나 그 한계는 그녀만의 것이 아니었다. 나는 그녀의 이야기를 따라가며 내 안에도 유사한 구조가 있다는 것을 발견할 수 있었다.

　　나는 아이에 대한 걱정과 불안이 생길 때면 아이를 무의식적으로 통제하려 했다. 아이의 감정 조절 능력이나 학업 성취, 뛰어난 자질이 긍정적으로 평가될 때면 나는 잠시 안도했고 좋은 엄마라는 확신에 기분이 고양되었다. 그러나 그렇지 않을 때면 불안이 밀려왔고 나는 그것을 자각하지 못한 채 아이를 통제했다. 그 불안의 밑바닥에는 자신에 대한 불신이 있다는 것은 이 책을 읽기 전부터 어렴풋이 알고 있었다. 나는 아이가 나처럼 될까 두려웠다. 통제가 아이를 위한 것이라고 믿었지만, 그건 내 마음을 지키기 위한 것이었다.

희생자 레이첼 스콧의 차량. 콜럼바인 고등학교 옆 클레멘트 공원에서 저마다의 방식으로 희생자를 추모했다.(출처: 다니엘 마우저 기념관)

　　실은 이 책을 읽는 내내 감정이 요동쳤다. 연민과 분노, 이해와 경멸이 교차했고 그 복잡함이 가장 괴로웠다. 나는 그런 혼란 속에 오래 머물렀다. 그 안에서 두려워하는 일을 피하려다 보면 오히려 되풀이된다는 사실을 깨달은 순간이 잊히지 않는다. 개인적으로 수가 내면의 불안과 공포를 억압하고 통제했기에 오히려 실현됐다고 느꼈다. 나 또한 내가 겪은 결핍이나 상처를 아이는 겪지 않길 바라는 마음이었지만, 그것은 아이를 존중하는 형태가 아니라 통제의 방식으로 나타났다. 결국 그 사랑은 안정적이지 않았고 아이의 마음에 내가 품었던 것과 닮은 두려움과 불안을 남겼다.

　　『나는 가해자의 엄마입니다』는 그런 인간의 내면을 거울처럼 비춘다. 그녀가 끝내 넘지 못했던 구조를 마주하며 우리는 그 안에서 자기 자신 또는 가까운 누군가를 본다. 왜곡된 이상주의 때문에 자기를 잃거나 타인과 단절되지 않기 위해서는 어떤 기준이나 관념에 우열이 있다는 믿음을 의심해야 한다. 누구도 완전해질 수 없고, 우리가 믿고 배워 온 우열의 기준이 절대적인 것이 아님을 깨달을 때 비로소 불안과 두려움을 마주할 수 있다. 그 고통이 보편적이라는 걸 알 때 우리는 서로를 이해한다. 이해는 판단이 아닌 공감을 낳고 단절이 아니라 연결을 만들어 낸다. 결국 비극을 막는 힘은 도덕이나 신념이 아니라 타인의 고통에 닿으려는 감응에서 비롯한다. 완전이 아닌 이해를, 옳음이 아닌 관계를 택하는 일은 어쩌면 우리가 이어가야 할 새로운 이야기일지도 모른다. 서리북

김선경
사랑과 관계의 구조, 인간의 고통을 이해하려 오랜 시간 자신의 내면을 바라보며 글을 써왔다.
심리학과 철학, 문학의 언어는 시선에 깊이를 더해 주었다. 깊이 감응하는 존재를 마주할 때, 사유와
무의식이 자연스레 흐르는 그 감각을 따라 글을 쓴다.

『기억·서사』
오카 마리 지음, 김병구 옮김
교유서가, 2024

난민적 삶의 가능성과 서사 탐색

임은정

『기억·서사』를 통해 본 『작별하지 않는다』

오카 마리의 『기억·서사』라는 책은 폭력적 사건을 소재로 한 소설, 특히 한강의 『작별하지 않는다』(문학동네, 2021)를 어떻게 읽어야 하는가에 대한 고민으로 읽게 되었다. 『작별하지 않는다』를 처음 읽고 느낀 강한 인상은 '이 소설은 4·3 사건과 직접적인 관련이 없는 타자가 4·3 사건에 대하여 쓸 수 있는 최선의 이야기'라는 점이었다. 서울에서 살고 있는 경하와 4·3 사건 유족이지만 비체험 세대라고 할 수 있는 인선의 시점에서 이야기가 전개·전달된다는 점에서 이야기가 주는 울림과 사실성이 다소 약하게 느껴졌다. 이런 나의 인상은 『기억·서사』를 읽고 나서 반은 맞고 반은 틀리다는 생각으로 이어졌다. 사건 외부에 있던 타자가 전달하는 사건은 그 자체를 완전하게 설명해 낼 수 없으며, 고통스러운 '흔적'의 서사로 전달될 수밖에 없다는 점에서는 맞다. 하지만 사건의 '말할 수 없음'이 망각으로 이어지는 상황에서 증언자의 자격 조건에 지나치게 엄격했다는 점은 잘못이었다는 것을 깨달을 수 있었다.

오카 마리는 타자가 겪은 폭력적 사건의 기억을 나누어 가져야 한다고 주장한다. 기억을 나누어 갖기 위해서는 '사건'을 먼저 이야기해야만 한다. 그러나 자신의 의지와 상관없이 도래하는 기억으로 현재에도 사건의 고통 속에 살고 있어서, 또는 사자(死者)가 되었기 때문에 증언할 수 없는 이들이 있다. 증언하고자 용기를 내었다 할지라도 사건을 설명할 언어가 부족하다. 이들을 위해 '타자'—사건 외부에 있던 제삼자—도 함께 사건을 증언해야만 한다. 이때 타자의 증언은 사건의 말할 수 없음, 그 자체를 증언하는 것이다. 이러한 생각에 따르면 한강의 『작별하지 않는다』는 사건의 기억을 나누어 갖기 위한 노력을 충실히 수행한 소설이었다고 할 수 있다.

그러나 『작별하지 않는다』처럼 사건의 기억을 나누어 갖기 위해 노력하는 서사도 있지만, 망각을 조장하거나 인간을 속이는 기만적인 서사들도 존재한다. 저자는 그 대표적인 사례로 스티븐 스필버그의 영화 〈라이언 일병 구하기〉 같은 명예로운 미국 서사, 부조리한 죽음에 의미를 부여하기 위해 사담 후세인 체제가 준비해 두었던 '악의 제국 미국'이라는 서사 등을 제시했다. 또한 종교적 함의를 띠는 '홀로코스트'라는 낱말 사용이 유대인의 죽음에 거짓된 종교적 신성성을 부여한다는 점, 생존한 당사자가 절멸수용소에서 살아남은 데는 이유나 사명이 있다고 생각하는 것은 자기기만이라는 점 등을 지적한 브루노 베텔하임의 견해도 소개한다. 그리고 이러한 사례들은 내셔널리즘의 욕망에 따라 서사를 선택했던 것처럼 보이나 내셔널리즘의 영향력에 압도된 것이었다고 볼 수 있다.

저자는 이 책에서 사건의 기억을 타자와 진정으로 나누어 갖는 형태로 사건의 기억을 이야기한다는 것은 어떤 것인지 그런 서사는 가능한 것인지 물으며 나름의 답을 제시하고자 했다. 앞서 제시한 기만적인 서사의 사례들은 언뜻 기억을 나누어 갖는 일의 불가능성을 보여 주는 것 같지만, 저자는 그 가능성에 다가가는 아이디어를 마지막에 가서 제시한다. 결론은 내셔널리즘의 미망에서 벗어날 수 있는 위치에서 사는 것, 즉 난민적 삶을 살아가는 과정에서 가능하다는 말이다. 여기서 독자인 우리는 두 가지 질문에 봉착한다. 난민의 관점에서 우리 주변의 서사'들'을 읽는다는 것은 어떤 것인가, 애초에 우리가 난민적 삶의 위치에 선다는 것 자체가 가능한가라는 질문들이다. 이 서평에서는 독자로서 마주하는 질문에 대한 답을 찾기 위해 오카 마리의 논지와 결론의 실현 가능성을 검토해 보려고 한다. 이러한 노력이 사건의 기억을 나누어 갖기 위한 하나의 작은 실천이 될 수 있다면 좋겠다.

당사자가 사건의 기억을 말한다는 것

사건의 기억을 이야기한다고 했을 때 누가 이야기한다는 것일까. 이 질문에 가장 먼저 떠올리게 되는 것은 바로 사건을 겪은 사람이다. 그렇다면 사건을 겪은 사람은 사건을 어떻게 기억하고 있을까. 우리는 '기억을 떠올린다'는 표현에 익숙하지만, 실제로 기억은 의지와 상관없이 나의 신체에 습격해 오는 것이기도 하다. 자신을 습격한 사건의 압도적인 힘 때문에 사건 내부에 있던 사람은 철저하게 무력할 수밖에 없다. 떠올라 버린 기억에서 생생하게 살아 있는 사건의 폭력은 현재형일 수밖에 없다. 이를 두고 저자는 "인간이 사건을 영유하는 것이 아니라 사건이 인간을 영유하는 것"(153쪽)이라고 표현하기도 했다. 그리고 떠올라 버린 기억으로 인해 폭력의 한가운데 놓인 당사자들이 폭력(심지어 이 폭력은 부조리한 폭력이다)을 누구에게 어떻게 설명할 수 있다는 것인지 묻는다.

　　사건 당사자들이 설명을 시도했다고 하더라도 그것은 언어의 한계로 불완전할 수밖에 없다. 예를 들어 일본군 '위안부' 할머니

4·3 사건이 벌어지던 1948년 7-8월경의 사진으로, 토벌대가 주민들과 이야기를 나누고 있다.(출처: 제주특별자치도)

들은 증언을 통해 피해를 입증하라고 요구받지만, 가부장적인 사회 구조에서 형성된 언어 체계로는 사건을 설명할 언어가 부족하다. 저자는 '여자로서의 기쁨을 알지 못한다'는 증언의 진부함을 지적하며 사건과 사건을 표현하기 위해 말해진 언어 사이의 단절과 괴리를 설명해 낸다. 증언을 듣는 제삼자는 사건의 유일무이한 당사자가 사건의 폭력성을 근원적이고 리얼한 말로 표현하기를 기대하지만, 증언은 그러한 기대에 미치기 어렵다. 하지만 어떤 의미에서 이 증언은 유일무이한 당사자이기 때문에 할 수 있는 말이기도 하다. 그 누구도 그 고통과 폭력을 상투 어구로 전달할 수 있다고 생각하지 못하기 때문이다.

　게다가 사건을 거짓 없이 설득력 있게 전달해야 한다는 압박감과 불안감은 더욱더 증언자들의 언어 사용을 제한하기도 한다.

(미키 데자키의 영화 〈주전장〉에서는 '위안부' 할머니들을 거짓말쟁이라고 몰아세우는 역사 수정주의자들의 횡포에 자신의 증언을 확인, 또 확인하며 불안해하는 할머니들의 모습이 나온다) 그러나 이러한 한계가 증언의 가치를 떨어뜨리는 것이 아님에 주의해야 한다. 오히려 우리는 말로 설명하기 어려운 사건과 증언에 담긴 상상할 수 없는 폭력의 깊이에 주목해야 한다.

한편 언어의 한계는 국민 국가의 경계 안팎으로도 영향을 준다. 특히 국민 국가라는 삶의 터전에서 소외된 비국민과 소수자에 해당하는 자들의 서사는 국민 국가의 맥락에서는 잘 보이지 않으며 사회의 인정을 받기도 어렵다. 그 서사는 국어 또는 다수자의 언어로 쓰여야 읽힐 것이기 때문이다. 다수자의 언어를 사용했다고 해서 사건의 기억을 진정으로 나눌 수 있다고 확신할 수도 없다. 재일조선인 2세인 작가 고영리는 『유리탑』이라는 책에서 자신이 조선 민족임을 밝혔을 때 "일본 사람하고 조금도 다르지 않은데, 굳이 자기가 먼저 그런 걸 밝힐 필요는 없지 않을까"라고 말하는 일본인을 만났던 경험을 밝힌다.* 이는 유창하게 일본어를 사용한다는 점에서 당사자의 소수자성이 묻혀 버리는 상황을 보여 준다.

재일조선인은 해방 이후 귀국하지 않았다는 것, 일본인의 외양을 하고 일본어를 사용한다는 것 등을 이유로 한국인으로 인정받기 어려웠다. 귀화를 통해 일본 국적을 취득한다고 해도(재일조선인의 처지에서 보면 귀화 절차 역시 가해국이 국민이 될 자를 선택한다는 맥락에서 기만적이었다) 전후 일본 사회의 차별을 피할 수 없었고, 오히려 재일조선인 사회에서 민족을 배신했다는 이유로 소외되는 경우마저 존재했다. 이런 상황에서 재일조선인들 가운데는 자신들의 존재 양식에 대해 자문하며 치열한 자아 탐색을 거쳐 스스로 '자이니치'

---

* 고영리, 전은이 옮김, 『유리탑』(이학사, 2003), 45쪽.

1979년 야마타니 데쓰오 감독이 오키나와 생존 '위안부' 배봉기를 인터뷰해 제작한 다큐멘터리
영화의 한 장면. 1991년 한국에서 김학순이 자신의 피해를 최초 증언하기 12년 전에 제작되었다.
(출처: 일본군 '위안부' 문제연구소 아카이브814)

라고 명명하는 경우가 많아졌다. 하지만 재일조선인 사회 바깥에
있는 사람들은 국민 국가의 장에서 재일조선인에게 한국인인지
아니면 일본인인지 묻는다.* 폭력적인 이분법 도식에 놓인 이들이
자기 인식과 사회적 시선의 괴리를 서사로써 전달하고 싶어도 이
들이 선택할 수 있는 언어는 일본어다(이런 점에서 재일조선인 다큐멘터리
감독인 박수남은 재일조선인과 재한 피폭자의 삶을 드러낼 때 영상으로의 전환을 시도
한다. 떨리는 목소리, 떨리는 몸 등 출연자의 비언어에도 주목하면서, 번역될 수 있는 것
에는 한계가 있다는 메시지를 보여 준다).**

* 이한정, 「'자이니치' 담론과 아이덴티티」, 『일본연구』 17, 2012, 24-25쪽.
** 조은애, 「박수남의 '조선인 피폭자' 증언 쓰기와 영화 만들기에 나타난 탈식민·탈냉
전 사상의 궤적」, 《韓日民族問題研究》 45, 2023, 124-126쪽.

　　저자는 식민주의 역사가 모어 외의 언어로 소설을 쓸 수 있다는 사태를 촉진했다고 말한다. 그러나 식민주의 역사는 재일조선인의 모어를 일본어로 만들기에 이른다.* 이런 가운데서 사건의 기억을 전하기 위해 모국어를 포기하지 않고 작품 활동을 한 재일조선인 작가들도 있었고, 그 어떤 일본인보다도 일본어를 일본어답게 구사해야만 했던 차별의 현실 속에 일본어로 말하기를 시도한 재일조선인 1세, 2세 작가들도 있었다. 4·3 사건을 처음으로 세상에 드러낸 작품도 재일제주인 작가 김석범의 『까마귀의 죽음』이었다. 하지만 오늘날 한국에서 재일조선인 문학의 존재와 그 의미를 아는 사람들은 많지 않다. 가장 큰 이유는 바로 국민 국가의 경계에 가로막혀 버린 언어의 장벽 때문일 것이다.

　　사건을 겪은 사람이 사건의 기억을 이야기하는 데는 이렇게 많은 어려움이 존재한다. 사건을 겪은 사람도 사건 그 자체를 완전하게 전달할 수 없다. 그렇다면 우리는 사건의 표상 불가능성에 좌절하는 것밖에 할 수 없는 것일까. 일본인이면서 현대 아랍 문학 전공자인 저자는 '팔레스타인'을 알레고리 삼아 잘 알려지지 않은 '사건'의 존재에 대하여 계속해서 말하기를 시도한다. 책의 1부에서 사건의 표상 불가능성을 이렇게 공들여 설명하면서도 철저

---

* '모어(mother language)'와 '모국어(national language)'는 전혀 다른 개념이다. '모어'란 "태어나서 처음으로 몸에 익힘으로써, 무자각인 채로 자신 속에 생겨버리는 언어", "일단 몸에 익히게 되면 그 다음부터는 몸에서 벗어날 수 없는" "근원적인 언어"다. 보통의 경우에는 어머니에게 받기 때문에 '모어'로 불리어 왔다(田中克彦, 『ことばと国家』, 岩波新書). 서경식은 재일조선인 중 조선에서 태어난 1세들에게 모어는 조선어지만, 2세로서 일본에서 태어나 자란 자신에게 모어는 일본어라고 말한다. 조선어는 모국어지만 모어는 아니라는 것이다. 그는 일본에서도 한국에서도 일반적으로 '모어'와 '모국어'의 개념적 구별이 매우 불분명한데, 이는 양국 모두 단일민족 국가관에 기반한 국어 내셔널리즘이 뿌리 깊기 때문이라고 말한다(서경식, 「모어와 모국어의 상극―재일조선인의 언어경험」, 《황해문화》 57, 2007, 12-18쪽).

하게 제삼자의 입장인 저자가 팔레스타인의 기억을 나누어 가지려 시도하는 모습은 인상적이다. 그리고 팔레스타인뿐 아니라 잊히고 있는 폭력적 '사건'들 또는 오히려 '유일성'의 지위를 얻은 아우슈비츠 같은 사건들을 둘러싼 서사들을 통해 사건 당사자도 사건 외부에 있던 타자도 계속해서 사건의 기억을 말하고 있음을 보여 준다. 그리고 책을 읽다 보면 저자도 독자인 우리도 대개 사건 외부에 있는 '타자'로서 같은 처지라는 사실을 알 수 있다. 이를 눈치채는 시점부터는 타자들이 서사들을 어떻게 만들고 소비하는지 진정성 있는 서사와 기만적인 서사의 차이는 무엇인지 고민하게 된다. 즉 우리 주변을 둘러싼 여러 서사를 어떻게 읽어야 하는지 묻게 되는 것이다.

우리 주변 서사'들'의 한계와 난민적 독해
저자는 우리가 주변 서사들을 읽을 때 유의해야 할 점을 섬세하게 알려 준다. 내셔널리즘의 장(場)을 벗어나기 어려운 서사의 한계를 이해해야 한다는 것인데, 특히 서사를 쓰고 읽을 때 발생하는 다층적 시간성, 대중의 서사 소비 양상, 서사의 수단인 언어와 실재 사이의 괴리에 주의를 기울여야 한다.

1) 다층적 시간성
다층적 시간성은 서사의 소재가 되는 사건의 시점, 작가가 사건을 소재로 소설을 쓴 시점, 소설 속 화자의 인칭 및 시제 그리고 소설을 읽는 중인 독자의 시간이 전부 다르게 흘러간다는 것을 의미한다. 작가가 아무리 뛰어난 문학적 재능을 발휘해 살아남은 사람들의 증언을 토대로 사건의 현실을 최대한 생생하게 표현한다고 하더라도, 다층적 시간성 때문에 발생한 시차 및 지연으로 인해 사건을 완전하게 재현한다는 것은 불가능하다. 따라서 서사를 '사건' 그 자체로 받아들여서는 안 된다.

오카 마리는 이러한 금지 명령이 잘 드러난 소설로 '탈 자이타르 사건'의 기억을 다룬 리아나 바드르의 소설『거울의 눈』을 소개한다. 탈 자이타르 난민 캠프 학살 사건에서 가까스로 살아남은 자들의 증언에 기초해 쓴 바드르의 소설에는 수많은 인물이 등장한다. 소설 중반까지 비인칭 화자를 통해 복수의 시점으로 서술하며 사건의 기억을 리얼하게 재현, 표상하는 것처럼 보였다. 하지만 '나'라는 일인칭 화자의 갑작스러운 등장으로 독자들은 혼란에 빠진다. 캠프 안의 상황을 확인하고 이를 캠프 밖으로 전달하기 위해 바깥에서 잠입한 '나'는 사건을 과거로 바라보는 시점에서 이야기하고, 소설의 등장인물들은 '나'의 시점에서 객체로 묘사된다. 그리고 '나'는 캠프 바깥으로 돌아가면서 텍스트에서도 바깥으로 사라진다. 이러한 서술 방식은 사건 '외부'에 있는 인간은 사건 '내부'의 일을 이해할 수 없다는 비판적 메시지로 읽힌다. 팔레스타인 사람마저도 사건 외부에 있었다면 내부 현실을 이해할 수 없는 것이다.

한편 소설을 읽는 독자의 시간도 다르게 흘러간다는 점은 독자가 윤리적 책임을 인식하게 하기도 한다. 이는『거울의 눈』을 읽은 오카 마리의 감상을 통해 확인할 수 있다. 오카 마리는『거울의 눈』을 읽으며 텍스트에서 그 당시 자신과 동갑내기였던 주인공의 모습을 발견한 순간 사건이 자기 몸을 압박해 오는 듯한 느낌을 받았다. "나는 열여섯 살 때 어디서 무엇을 하고 있었는가", "아이샤가", "부당한 폭력을 견디고 있었던 그때 나는 무엇을 하고 있었는가"(17쪽) 묻는 모습은 솔선수범해 자신이 제안한 난민적 관점의 실천 사례를 보여 주는 듯했다. 제삼자, 외국인의 관점에서『거울의 눈』을 팔레스타인 사람만의 서사라고 읽었다면 이런 질문은 나올 수 없었을 것이다. 부조리한 폭력에 놓인 팔레스타인 사람들을 동정할 수는 있어도 그 사건에 책임감을 느끼거나 그 너머의 윤리적 실천으로 나아가기는 어렵다. 이때 사람들은 보통 팔레스타인 사람으로 태어나지 않은 것에 안심하기 때문이다.

2) 대중의 내셔널리즘적 욕망과 서사의 소비
앞서 살펴본 『거울의 눈』은 다층적 시간성의 이해와 난민적 관점의 독해가 이어지는 지점을 잘 보여 주는 서사다. 그러나 모든 사람이 이러한 서사를 이야기하거나 읽어 내기는 어렵다. 앞서 스필버그의 영화 〈라이언 일병 구하기〉를 예시로 잠깐 설명했던 것처럼 대부분의 서사는 내셔널리즘의 영향력 아래에 있기 때문이다.

　　〈라이언 일병 구하기〉가 흥행에 성공한 이유는 미국인에게 명예로운 미국의 국민이라는 자랑스러움과 소속감을 충족시켜 줬기 때문일 것이다. 부조리한 상부 명령을 거역하고 자신이 생각하는 정의를 실천한 병사들의 죽음은 의미 있게 묘사된다. 구출하러 가다가 전사한 병사들의 죽음이 헛되지 않았다는 점에 안도한다. 하지만 이런 과정에서 우리가 잊게 되는 더 중요한 사실이 있다. 전쟁은 사람들을 부조리하게 죽게 하고, 주체적인 선택 자체를 근원적으로 부정하는 경험이라는 점이다. 더불어 타자를 향한 미국의 폭력도 역시 망각된다. 사건의 폭력성 자체를 부인하는 서사를 보면서도 대중은 자신들이 매우 '리얼한' 서사를 향유했다고 느낀다. 자신이 사건을 잘 알고 있으며 한편 인간적으로 공감하면서 정의 실현을 지지하는 국민이라고 생각하는 것이다. 그런 점에서 〈라이언 일병 구하기〉 같은 서사는 사건의 기억을 나누어 갖기 위한 서사가 아니라 대중이 요청한, 소비를 위한 서사라고 할 수 있다.

이렇듯 내셔널리즘의 욕망에 충실하면 국민, 민족의 구성원인 입장에서 의식적이든 무의식적이든 기억과 서사를 취사선택하게 된다. 책에서는 선택된 기억의 사례로 악의 제국 미국 서사에 의지할 수밖에 없던 어머니의 사례를 제시했다. 지워진/지우고 싶은 기억의 사례로는 일본인이 간토대지진 때 조선인을 학살한 기억과 전후 일본 사회의 부흥에 어울리지 않는 상이병의 기억을 제시한다.

특히 아들의 부조리한 죽음에 의미를 부여해야만 삶을 견딜 수 있는 어머니의 입장과 정치적으로 준비되었던 악의 제국 미국이라는 서사를 통해 기억을 선택하는 주체의 문제를 생각해 볼 수 있다. 우리에게 익숙한 기억의 선택은 권력자, 승리자의 행위지만, 소수자의 입장에서도 결코 주체적일 수 없는 형태로 기억의 선택이 이루어진다. 다시 『작별하지 않는다』 속 4·3 사건으로 돌아가 보면 인선의 엄마인 정심의 입장에서 오빠와 자신의 가족은 피해자고 가해자는 국가다. 하지만 인선의 엄마는 피해 사실을 입증하고 인정받기 위해 다시 가해자인 국가에 호소할 수밖에 없는 폭력적인 구조에서 살고 있다. 그리고 군사 정권 아래에서 엄마는 더 이상 말을 할 수 없게 된다. 결국 인선이 엄마의 삶을 추적해 가는 과정을 통해 지워진 기억을 다시 말해야겠다고 생각했을 것이다. 하지만 4·3 사건의 진실을 규명해 온 역사를 살펴본다면 지워진 기억을 다시 살려내기 위한 작업은 국가를 상대로 4·3 사건의 기억을 들어달라는, 더 나아가서는 국가 서사에 4·3 사건의 기억을 포함해 달라는 요청으로 이어진 것 같다. 이는 결국 우리 주변 서사들에는 우열이 있다는 말이다. 서사의 가치를 정하는 기준은 결국 국가 또는 민족에게 인정받았는지에 관한 여부다. 이는 내셔널리즘의 장에서 벗어난다는 것이 얼마나 어려운 일인지 다시금 생각하게 한다.

　　한편 지워진/지우고 싶은 기억의 사례로 제시된 조선인 학살에 대한 기억은 고레에다 히로카즈의 영화 〈원더풀 라이프〉의 한 장면에서 확인할 수 있다. 나이 지긋한 일본인 여성이 인터뷰에서 간토대지진 직후 대나무숲으로 피난해 모두가 주먹밥을 먹었던 경험을 어린 마음에 소풍처럼 즐거웠던 추억이었다고 말한다. 주먹밥 모양을 이야기하던 그녀는 순간 당시 조선인이 일본인을 공격해 온다는 소문이 헛소문이었다는 사실을 떠올렸다. 하지만 그 이상 관련한 이야기는 전개되지 않는다. 이를 두고 오카 마리는 과거에 일어난 사건의 기억이 뜻하지 않게 침입한 타자의 기억에 더 이상 뒤죽박죽되지 않도록 기억이 그대로 봉인된 것이라고 표현했다. 언어화되어 매끄럽게 완결된 서사로 사건을 이야기하기 위해 화자는 설명하기 어려운 요소—오카 마리의 표현을 빌리면 서사를 뒤죽박죽 만들어 버릴 수 있는 요소—들을 가지치기하게 된다. 슬프게도 그런 요소들은 대개 다수자인 입장에서는 불편하고 부담스러운 감정을 유발하는 기억들 또는 타자와 진정으로 나누어 가져야 할 기억들로 구성되어 있다.

　　이렇듯 서사들은 사건을 말하는 듯하나, 내셔널리즘의 장이라는 강한 영향력에서 결국에는 미국인의 서사, 한국인의 서사, 일본인의 서사처럼 국가와 민족의 서사로 귀결되어 버리고 만다. 따라서 내셔널리즘의 미망을 벗어날 수 있는 위치에 설 때 이런 한계를 조금이나마 극복할 수 있다. 그래서 저자는 난민적 삶을 살아가자고 이야기하는 것이다.

난민적 삶의 위치에 서는 것은 가능한가

오카 마리의 논지에 따르면 우리 주변 서사들은 사건의 기억을 완전하게 표상할 수도 없으며, 우리에게 익숙한 서사들은 내셔널리즘의 영향력 아래에서 사건의 폭력성을 은폐하거나 사건의 기억을 가진 자들을 기만하는 형태로 소비되고 있다. 이러한 서사의 한계를 민감하게 읽어 내고 계속해서 사건의 기억을 나누어 갖기 위해서 오카 마리는 난민적 관점을 취하자고 말한다. 내셔널리즘의 영향력에서 벗어나기 위해 어디에도 귀속되지 않는 난민이 되자는 제안은 논리적으로 말이 되는 듯하지만, 여기서 마지막 질문이 남는다. 국민이라는 존재 양식을 당연하게 받아들이고 있는 우리가 난민적 삶의 위치에 선다는 것은 과연 현실적으로 가능한가. 일단 저자가 말하는 난민은 정확히 어떤 의미일까.

> '난민'—'사건'을 내셔널한 역사/서사로 결코 나누어 가질 수 없는 사람들. 인간이 '사건'을 영유하는 것이 아니라 '사건'이 인간을 영유하는 그런 '사건'에서 살아가는 사람들. '사건'의 기억을 '서사'로 영유하는 것이 아니라 '사건'으로 영유하는 것은 바로 이 난민적 삶을 사는 사람들뿐이다.(153쪽)

저자가 말하는 난민의 모습은 자신의 수업을 들었던 재일조선인 2세 학생이 나누어 준 경험과 유대계 폴란드인의 자식으로 이스라엘에서 태어나 프랑스 국적을 취득한 라우티 요스코비치와의 인터뷰를 통해 정립된 것으로 보인다. 하지만 이들은 실제 난민의 위치를 실감할 수 있는 사람들이다. 태어나서부터 국민 국가를 일상적이고 현실적인 삶의 터전으로 인지하면서 살아온 사람들은 내셔널리즘을 넘어서는 사고 회로를 갖기 어렵다. 심지어 우리가 스스로 제삼자 또는 타자라고 규정하는 것 자체가 내셔널리즘의 장 아래 있는 것이다. 상황이 이러한데 저자의 마지막 제안처럼 "아직 실현되지 않은 조국을 향해 그곳으로의 귀환을 타자와 함께

터키에서 건너와 그리스 레스보스 섬의 해안에 다다른 시리아와 이라크의 난민들.
(출처: 위키미디어)

꿈꾸는 난민이 되”(153쪽)자는 것은 오히려 사건을 겪은 사람들을 기만하는 행동은 아닐지 염려도 생긴다.

난민이 되자는 마지막 제안은 오히려 사건의 기억을 나누어 갖는 것이 불가능하다는 것을 반증하는 제안같이 느껴지기도 했다. 시도해 볼 수 있는 것은 기억과 서사에 대하여 오카 마리가 깨달음을 얻어 가는 과정을 따라가 보는 것 정도라는 생각이 들었다. 제삼자일 수 있는 일본인 오카 마리가 어떻게 난민적 삶을 살아가자고 주장할 수 있었는지 생각해 보는 것이다.

오카 마리의 경험에서 인상적인 부분은 크게 두 가지였다. 첫 번째는 『거울의 눈』이라는 서사를 국가나 민족 서사로 귀속하지 않고 사건 그 자체에 주목하려고 노력한 점이다. 저자는 탈 자이타르 사건의 기억을 진정으로 나누어 가지려고 시도했다고 볼 수 있다. 만약『거울의 눈』을 팔레스타인 사람의 서사로 귀속해 읽었다면 그것은 탈 자이타르 사건 내부에 있던 사람들을 기만하는 것이 된다. 또한 독자로서 자신은 사건 바깥에 있는 사람이라고 생각해 버린다면 서사를 통해 정신적 외상을 입을 이유가 없다. 그렇기 때문에 오카 마리는 책을 끝맺으며 내셔널리즘의 장에서 벗어난 난민적 삶의 위치에 설 때와 사건이 누구에게 귀속되는지를 묻는 게 아니라 사건 그 자체를 보려고 노력할 때 기억을 나누어 갖는 일이 가능해진다고 말했던 것이 아닐까.

　　두 번째는 재일조선인 학생과의 만남과 라우티와의 인터뷰에서 얻은 깨달음이다. 오카 마리는 이들에게 조국이란 무엇인가, 조국이란 것을 자명한 사실로 받아들일 수 있는 자는 어떤 사람인가라는 물음을 배웠다고 했다. 이러한 생각은 "이 나라의 내셔널한 경험에 규정되어 인간과 조국 그 밖의 관계의 존재방식을 상상하지 않았"(149쪽)던 자기 자신을 성찰하는 것으로 이어졌다. 특히 저자는 갓산 카나파니의 소설『하이파에 돌아와서』에 나오는 "조국이란 이와 같은 모든 일이 일어나서는 안 되는 곳이지."라는 대사를 떠올리며 '조국'의 정의에 대해 다시 한번 생각한다. 이 대사는 오구마 에이지의『민주와 애국』에 나오는 다음 문구와 겹쳐 읽히기도 했다.

조국이란 자기가 믿는 원리이며, 지연이나 혈연과 일치할 필요는 없다. 반역도, 자기가 믿는 조국에 대한 애국이 된다. 그것은 내셔널도 인터내셔널도 아닌, 인간의 원리라는 것이다.*

---

* 오구마 에이지, 조성은 옮김,『민주와 애국』(돌베개, 2019), 942쪽.

　　조국에 대한 새로운 정의를 접하기 전까지는 난민이 되자는 제안이 무척 당황스럽게 느껴졌다. 난민적 삶에 선 이들이 남긴 서사를 통해 이들이 세상에 대해 어떤 질문을 던지는지 자신의 경험을 가지고 질문에 대한 답을 어떻게 만들어 가는지 안다 할지라도, 이것은 그들의 개별적이면서도 고유한 사고이며 스스로 이를 구축해 간다는 것이 쉽지 않게 여겨졌기 때문이다. 그러나 조국에 대한 새로운 정의를 접하며, 그렇다면 표현을 조금 바꾸어 보면 어떨지, '나에게 조국이란 무엇인가?'라는 질문부터 시작해 보면 어떨지 생각했다. 그리고 이 질문에 답할 수 있는 상상력을 키우려면 결국 다시 서사로 돌아가야 한다. 조국을 물었던 사람들, 자의든 타의든 경계의 위치에 섰던 사람들의 서사를 계속해서 탐색하는 것, 치열했던 그들의 고민에 기대 난민적 관점을 숙고하는 과정이 필요하다. 책을 읽으면서 독자로서 가졌던 질문들은 돌고 돌아 결국 '다시 서사'라는 답으로 나에게 돌아왔다.

　　따라서 오카 마리의 이런 제안을 바탕으로 『기억 서사』의 후속작이 쓰인다면, 그것은 계속해서 서사들을 탐색하고 공론의 장으로 끌어오는 작업이 될 것이다. 그 과정에서 서사들의 한계와 서사들이 주는 깨우침을 누적하고, 그 가운데 조국을 묻는 상상력을 키워 가야 한다고 생각한다. 그리고 이런 작업에 미미한 걸음이나 함께 동참하고 싶다는 소망도 함께 밝혀 본다. 　서리북

임은정
제주도에서 근무하는 10년차 역사 교사. 4·3 사건과 재일조선인의 삶에 관심이 많아 관련 주제로 석사 학위를 받았다. 관심사와 대학원에서 했던 공부를 학교 수업으로 이어가고자 노력하고 있으며, 현재 전국역사교사모임에서 대안서사 연구 모임에 참여하고 있다.

이마고문디

서울
리뷰 오브
북스

《힐마 아프 클린트: 적절한 소환(Hilma af Klint: Proper Summons)》 전시 포스터.

(사진 제공: 부산현대미술관)

의문을 감히,
입 밖으로 내며 그린 그림들

현시원

힐마 아프 클린트 '소환하기'

어떤 전시는 관객을 좁은 문으로 들어가서 큰 문으로 나오게 한다. 입구에서 어떤 설명도 없이 한 작품을 대면하게 하다가 마지막에 토론을 제안하듯 광장형의 열린 공간을 만든다. 또 다른 유형의 전시는 입구부터 이미 꽉 짜놓은 각본대로 썰을 풀어 나간다. 맨 마지막 장면이 웅장한 '케이팝(K-pop)의 역사적 순간'으로 끝나는 대한민국역사박물관을 생각해 보자.

물론 전시를 보는 속도는 조정 가능하다. 되감기, 빨리 감기, 다시 보기 등을 적용해 전시를 볼 수도 있다. 가까이 다가가 작품을 눈앞으로 최대한 끌어당겨 오는 방법도 있다. 전시를 미술 전시만이 아니라 넓은 의미의 '전시(展示)'로 열어 두면, 사회학자 토니 베네트(Tony Benett)가 이야기한 이 문장만큼 적절한 비유는 없을 것 같다. "당신이 문 안으로 들어갔을 때에는 당신도 전시의 일부임을 잊지 마시오."* 1901년 범미국박람회(Pan-American Exposition)가 당

---

* 토니 베네트, 권영진 옮김, 윤난지 엮음, 「전시복합체」, 『전시의 담론』(눈빛, 2002), 171쪽.

《힐마 아프 클린트: 적절한 소환》 전시 전경.(부산현대미술관, 2025.7.19-2025.10.26)
(사진 제공: 부산현대미술관)

시 전시 관람의 관습을 알리기 위해 적어둔 문구였다. 전시장에서는 조용히 해야 하고 뛰어서는 안 된다는 식의 질서를 공표했다.

　어떤 전시장에 '소환하기'라는 단어가 반복적으로 등장한다면 어떨까? 관객이 '작품을 본다'거나 '작가를 만난다'는 표현을 넘어 관객이 작가를 소환하는, 유령이나 정령이 하는 일을 하게 된다면? 내가 지금 말하려는 전시는 부산현대미술관에서 열렸던 《힐마 아프 클린트: 적절한 소환(Hilma af Klint: Proper Summons)》(2025.7.19-2025.10.26)이다. 부산현대미술관의 최상호 학예연구사(겸 큐레이터)는 작가의 이름 앞에 '힐마 아프 소환하기'라는 청유형 문장을 함께 붙여 전시를 만들었다.* 전시 흐름에 따라 '힐마 소환하

---

* 그의 전시 기획 의도와 과정에 대해서는 다음 글이 충실히 안내한다. 최상호, "힐마 아

기'라는 문구가 벽면에 붙어 있다. 옆에는 전시 홈페이지로 들어가는 큐알 코드가 위치한다. 리플릿에도 이 문장이 적혀 있다. "아래 소환 코드를 스캔하면 작가와 작품과 전시에 관한 더 자세한 정보를 소환할 수 있습니다."

　'적절한 소환'과 어울리는 작가라니. 어딘가 신비롭고 범상치 않을 거라는 직감이 왔다. 독신이었던 힐마는 조카에게 유언을 남겼다. 아래 원고는 1967년 12월에 에리크 아프 클린트가 작성한 기밀문서 중 일부다. 조카의 글은 작가를 둘러싼 신비감이 그저 '감'이 아니라 '사실'임을 증명한다.

> 마침내 1938년 8월 20일에 (고모는) 문쇠의 작업실로 나를 불러 모든 그림을 공개했다. 그 후 우리는 자주 만났고, 많은 밤을 함께 지새우며 그 작품 세계와 미래에 관해 이야기를 나누었다. 그녀는 자신이 새로운 '신전' 건립에 참여하리라는 계시를 받았다고 했다. 힐마는 신전을 영적인 개념으로 잘 이해하고 있었을 테지만, 자신의 전 작품을 위한 신전을 실제로 건립하는 일도 구상하고 있었다.*

　힐마는 자신이 그린 그림들 일부에 +와 x 기호를 남겨 분류했다. 이 표시가 붙은 작업은 작가 사후 20년 후에 공개하도록 했다. 관객들은 부산에서 열린 이 충실하고 섬세한 전시 덕분에 힐마 아프 클린트(1862-1944)가 쌓아 올렸던 내밀한 세계를 만날 수 있었다. 생전 무명에 가까웠던 작가가 그림을 둘러싼 자신만의 질서를 세

프 클린트는 왜(혹은 과연) 대단히 훌륭한 화가인가", 「힐마 아프 클린트와 그녀의 작품 세계」, 『힐마 아프 클린트: 적절한 소환』(부산현대미술관, 2025), 140-145쪽.

* 에리크 아프 클린트, 「힐마 아프 클린트와 그녀의 작품 세계」, 『힐마 아프 클린트: 적절한 소환』(부산현대미술관, 2025), 99쪽.

웠고 이를 다소 신비롭게 작동시켰다는 것이 '소환'을 필요로 하는 전부는 아니었다. 힐마는 자신을 영매로 생각했다.* 그의 삶은 여동생의 죽음 이후 영적인 세계에 대한 탐구로 이어졌다. 신과 접선했고 신을 더 잘 이해하기 위해 신지학을 공부했고 여성 동료 다섯 명과 '5인회'라는 영적 모임을 결성하는 등 각고의 실천을 지속했다.**

자, 이 전시에서 관객은 어떻게 전시의 일부가 되었을까?《힐마 아프 클린트: 적절한 소환》의 입구와 출구는 참으로 멀어 보이는 두 세계를 연결한다. 전시는 구체적인 스웨덴의 풍경으로 시작해 힐마의 영적 세계로 끝난다. 작가가 구체적으로 미래에 일어날 일을 예측한 것은 아니지만 줄곧 신이 불러 주는 목소리를 따라 색을 정하고 점·선·면의 화면 구조를 만들었다. 작업에는 작가가 탐닉한 영적 세계는 물론이고 원자와 분자, 믿을 수 없을 만큼 분석적인 그래프풍의 도형과 십자가가 공존한다.

부산현대미술관의 최상호 큐레이터는 전시 공간을 '장면'이라 부르며 작품을 배치했다. 벽면의 색채를 다르게 하는가 하면, 이쪽 공간에서 저쪽 공간을 벽 너머로 겹쳐 보이도록 구성했다. 첫 장면은 자연에 대한 관찰이 드러나는 초기 작업과 나무 뿌리와 자연에서 관찰한 색이 생생하다. 그다음 신지학을 탐구하며 원, 십자가, 반복되는 선 등 기호와 상징이 등장하는 시기, 5인회의 다섯 멤

---

* 조카는 "힐마는 현실을 중시했지만, 어린 시절부터 영매로서의 능력이 있었고 영적인 힘들과 접신해 왔다"고 썼다. 실제로 힐마는 신이 그의 손을 움직이게 해 그림을 그렸거나 이미지나 색을 선명하게 지시해 주기도 했다고 기록했다. 에리크 아프 클린트, 「힐마 아프 클린트와 그녀의 작품 세계」, 『힐마 아프 클린트: 적절한 소환』(부산현대미술, 2025), 90쪽.
** 작가의 삶에 대해서는 율리아 포스가 쓴 전기를 참고했다. 율리아 포스, 조이한·김정근 옮김, 『힐마 아프 클린트 평전』(풍월당, 2021).

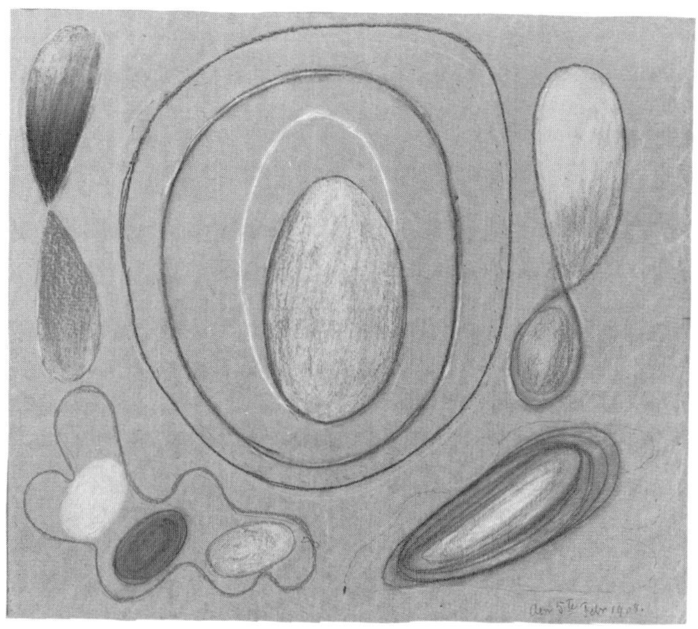

5인회, 〈무제〉, 1908년 2월 5일, 종이에 드라이 파스텔, 53×62cm.
(사진 제공: 힐마 아프 클린트 재단)

버가 손을 잡고 의식의 흐름과 자동기술법에 따라 공동 제작한 그림도 있다. 이어서 힐마의 대표 작업인 〈신전을 위한 그림〉이 보인다. 작가는 황금빛과 빨주노초파남보 무지개색의 엄격한 배치를 통해 기하학적 질서를 화면 안에 구현했다. 이어서 색채와 구도가 단순해지는 후기, 전시의 끝은 작가가 남긴 수많은 노트와 관객의 상상을 제안하는 장면으로 채웠다. 1866년 스웨덴에서 태어난 한 여성 작가가 어떻게 이렇게 남다른 작품을 그려낼 수 있었을까.

풍경에서 영성으로

관객은 현실을 반영한 그림들부터 만났다. 전시 초입에는 1862년 10월 26일 스웨덴에서 태어난 힐마 아프 클린트가 바라본 사람과 풍경을 보여 준다. 작가가 스톡홀름 왕립 미술 아카데미를 다녔던 초기에 그린 그림들이다. 작가 아버지의 초상과 1888년 그린 〈여름 풍경〉이다. 작가는 구체적으로 보고 느꼈던 세계를 리얼리즘 회화로 담아냈다. 그런데 현실 풍경을 직접적으로 반영한 그림은 이게 전부다. 이처럼 구체적인 현실에서 시작한 전시는 중반에서 후반으로 갈수록 점차 추상의 세계로 변화한다. 힐마가 평생 했던 작업들을 본 후 전시장 출구로 나올 때가 되면 관객에게 작가는 완전히 다른 사람으로 다가온다. 작가는 말년에 이르러 '청색화첩'이라고 부른 수많은 노트에 자신이 과거에 그렸던 장면과 세밀한 부분들을 복기해 그렸고 또 글로 썼다. 색 배합과 주요 도상의 의미를 사전처럼 목록화하고 그 의미를 풀어냈다. 그림을 그린 과정에서 영적 계시를 내린 목소리들을 페이지마다 글로 한가득 써 내려갔다.

　　1880년 여동생의 사망 후 종교와 영성에 푹 빠진 힐마는 더 이상 구체적인 현실 풍경을 그리지 않았다. 작가는 당대 신지학자로 큰 영향력을 행사했던 루돌프 슈타이너(Rudolf Steiner, 1861-1925)의 사상을 연구하는 데 매달렸고 〈신전을 위한 그림〉, 〈백조〉 연작 등에 몰두했다. 이후 작가가 그린 모든 그림은 세계의 원소와 원자를 포함해 추상 회화의 점·선·면과 형태, 색채와 조형 실험으로 가득 차게 된다. 힐마의 사진은 흑백으로만 남아 있지만, 그가 만든 회화는 온갖 색채와 점·선·면의 구조화된 도형, 절제된 추상 형태의 총천연색으로 물들어 있다.

　　전시장에서 가장 긴 시간을 보낸 작품은 관객마다 다를 것이

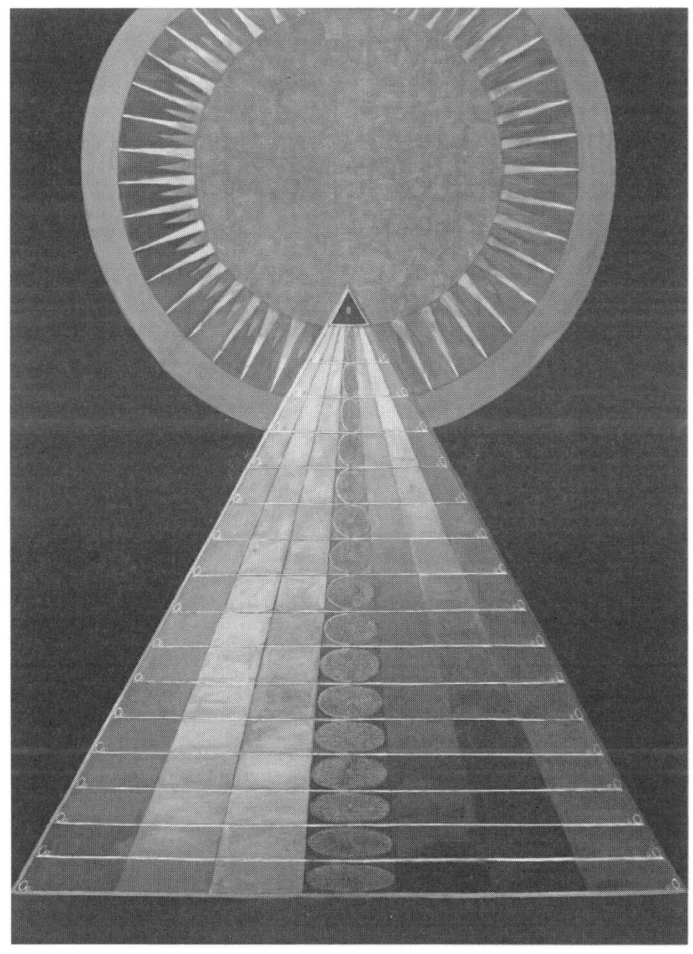

힐마 아프 클린트, 〈No. 1〉, 그룹 X, 제단화, 1915, 캔버스에 유채, 금속박, 237.5×179.5cm.
(사진 제공: 힐마 아프 클린트 재단)

다. 나의 경우는 큰 사이즈의 작품 맞은편에 놓인 의자에 앉아 꽤 오랜 시간을 보냈다. 그러나 내가 더 많은 시간을 보낸 곳은 힐마의 작은 그림들, 드로잉 앞이었다. 큰 그림들이라 말한 것은 약 3미터에 달하는 '10점의 대형 그림'이다. 인간 생애의 네 단계를 캔버

10점의 대형 그림 시리즈 전시 전경, 〈No. 1, 유년기〉, 그룹 IV, 10점의 대형 그림, 1907, 종이에 템페라, 캔버스에 부착, 322×239cm부터 〈No. 10, 노년기〉, 그룹 IV, 10점의 대형 그림, 1907, 종이에 템페라, 캔버스에 부착.(사진 제공: 부산현대미술관)

스 10점에 나눠 표현했는데 작가가 40대 중반이던 1907년 한 해 동안 이 놀라운 그림들을 한꺼번에 다 그려 버렸다. 주황색부터 살구색의 다채로운 빛깔, 꽃과 식물의 줄기, 뿌리와 그 뿌리가 만들어 내는 '엉킴'을 힐마는 마치 악보 그리듯 그려 냈다. 작은 그림들의 경우 마치 분자 요리 레시피를 그림으로 그린 것처럼 아기자기하고 정확하다. 또 화면 안에는 자로 그은 선과 색채, 수학 공식을 떠올리게 하는 표기와 신지학에서 따온 문장들이 한 화면에 배치되어 있다.

크든 작든 '눈에 보이지 않는 것'을 그리려고 했던 작가는 그것이 자의적 선택이나 의지가 아니라 어딘가에서 내려온 목소리에 의해 주술적으로 받아 적는 것이라고 말했다. 힐마는 자신으로 하여금 끝없이 그리게 하는 그 존재가 궁금하지 않았을까? 당연히 궁금했던 것 같다. 그러나 힐마 아프 클린트가 1937년 4월 16일에 쓴 인지학협회 발표 서론에서 알 수 있듯 그 질문은 차단당했다.

> 그 순간들 속에서 더 큰 해방에 이르는 길을 그림을 통해 지도하려는 듯한 존재들과 협력하였고 영감을 받게 되었다. 그 존재들은 누구였을까? 이 의문을 감히 입밖으로 낸 적이 있는데, 슈타이너 박사는 "그런 질문은 하지 않는 법이다"라고 답했다. 그래서 나는 내면의 힘에 의지할 수밖에 없었다.*

이런 차단은 작가가 자유 의지를 지닌 채 스스로 질문을 던지는 '예술가'가 아니라 일종의 신내림을 받은 정신 나간 여인으로 폄훼되는 빌미를 주었다. 작가 한 명의 작품 세계를 심층적으로 다루는 회고전 성격의 전시인 경우 대개 이 작가의 미술사적인 위상을 전시 기획 의도부터 선명하게 드러내기 마련이다. 그러나 힐마 아프 클린트 전시는 '소환하기'라는 전시 제목만큼이나 어딘가 멀리 있거나 감춰진 것을 다시 이곳으로 불러내는 자세를 취한다.

힐마 아프 클린트는 누구인가?

힐마는 누구일까? 그림을 보는 데 작가의 삶은 얼마나 중요한가. 적어도 20세기 중반 이전에 태어난 여성 작가에게 있어 작품을 둘러싼 배경은 남성 작가보다 몇 배는 더 중요하다. 미술 작가가 되는 일 자체가 사회 통념에 대한 도전이었기 때문이다. 어떤 작업을 만들었기에 '뒤늦게 발굴된 화가' 이상으로, 20세기 추상 미술의 역사

---

* 힐마 아프 클린프, 「힐마 아프 클린트의 강연」, 『힐마 아프 클린트: 적절한 소환』(부산현대미술관, 2025), 82쪽.

를 '다시 쓰게 하는 사람'이라는 평가를 받는가? 혹자는 미술사의 낡은 프레임으로는 이 작가를 말하는 것조차 부적합하다고 본다.

이런 힐마의 국내 전시는 이번이 처음이다. 전시와 더불어 출간된 도록에 수록된 글들은 '2025년 한국'에서 1862년 스웨덴에서 태어난 한 여성 작가를 바라보는 방식에 대한 안내서가 된다. 특히 글 중에서도 이연숙(리타)의 '퀴어 힐마'는 이제껏 힐마라는 존재가 쓰인 역사를 새롭게 서술할 수 있는 가능성을 이야기한다. 이연숙(리타)은 "그가 주로 사용하는 핑크와 블루는 마치 연한 피부 같다"면서 "그에게 퀴어의 '다른 세계'에 대한 지속적 고집은 곧 수행적 실천"이자 "미래를 위한, 아직 없는 미래를 이미 '느끼는' 적극적 감응과 수용의 능력으로 사고하게 한다"고 썼다.[*]

힐마가 현실에 소개되기까지 여러 차례의 전환점과 전시가 있었다. 힐마의 평전을 번역한 미술사가 조이한의 설명에 따르면 1986년 로스앤젤레스 카운티미술관에서 열린《예술 속의 정신: 1890-1985년의 추상화(The Spiritual in Art: Abstract Painting 1890-1985)》에서 처음으로 힐마의 작품이 추상미술의 선구자인 몬드리안, 말레비치, 칸딘스키 등 남성 예술가들의 작업과 같이 배치되었다.[**] 2013년 스톡홀름 현대미술관에서 열린 회고전《힐마 아프 클린트: 추상의 선구자(Hilma af Klint: A Pioneer of Abstraction)》는 미술관 개관 이후 가장 많은 관객이 방문했다.

독일의 미술사학자 율리아 포스(Julia Voss)는 2008년 힐마의 그림을 본 뒤 125권에 달하는 힐마의 공책을 탐구해 전기를 썼다. 그는 전기에서 이제껏 '미친 여성'이라는 표현을 비롯해 과거에 이

---

[*] 이연숙, 「퀴어 힐마」, 『힐마 아프 클린트: 적절한 소환』(부산현대미술관, 2025), 24쪽.
[**] 조이한, 「힐마 아프 클린트의 생애와 작품의 수용 양상」, 『힐마 아프 클린트: 적절한 소환』(부산현대미술관, 2025), 124쪽.

루어진 작가에 대한 많은 판단이 아무런 근거도 없었다며 다음 사실을 강조한다. 그중 네 가지를 옮겨 오면 다음과 같다. 첫 번째로 힐마는 살아 있는 동안 추상화를 전시했다. 생전에 전시를 전혀 하지 않았다는 의견과 '비밀스러운 그림'만을 그렸다는 주장과 달리 작가는 1913년 첫 전시를 열었고 1928년 여러 시도 끝에 런던에서 독자적인 전시회를 만드는 일에 성공했다. 두 번째로 그는 생전에 자주 여행했다. 스웨덴을 벗어난 적이 없다는 기존의 설명과 달리 그는 노르웨이, 네덜란드, 벨기에, 독일 그리고 르네상스의 미술 작품을 보기 위해 이탈리아도 찾았다. 세 번째로 율리아 포스는 그가 단지 신지학의 추종자가 아니라 평생 독자적인 영성주의적 우주관을 창조했다고 썼다. 네 번째로 힐마는 광범위한 자연과학 소양을 갖고 있었다. 30대 후반이었던 1900년에는 동물의 외과 수술을 다루는 개론서에 들어갈 삽화를 그리기 위해 소묘 화가 신분으로 수의학 연구소에서 일하기도 했다. 당시 과학을 둘러싼 지식의 변화에 촉각을 곤두세웠고 1908년에는 '진화'라는 시리즈를, 1917년에는 '원자' 시리즈를 그렸다.*

　　내가 힐마의 전시와 전기 그리고 도록을 읽으며 가장 인상적이었던 것은 힐마가 '눈에 보이지 않는 영성'을 그렸다고 이야기되지만, 실은 그가 '눈에 보이는 것들'의 세밀한 움직임에서 많은 모티브를 얻었을 것이라는 점이었다. 특히 힐마의 할아버지와 아버지가 바닷속 지형을 그리는 뛰어난 지도 제작자였다는 점은 또 다른 각도로 작가를 보게 한다. 힐마가 스스로 기록하듯 아무리 신이 시키는 대로 그렸다 한들 그의 시각적 독해력과 그리기의 훈련 없이는 불가능한 일이었다. 힐마의 화면 안에 있는, 움직이는

---

* 율리아 포스, 조이한·김정근 옮김, 『힐마 아프 클린트 평전』(풍월당, 2021), 24-26쪽.

작은 생명체처럼 보이는 것들, 이름을 알 수 없는 식물과 문양의 흐름은 그가 어릴 때부터 보고 자란 환경에서 기인한 구체적인 현실이었다.

특히 이들은(힐마의 할아버지) 뛰어난 지도 제작자로 눈에 보이지 않는 바닷속을 측정해서 해도(海圖)로 만드는 데 전문가여서 "다른 사람들이 피아노 악보를 외우는 것처럼 해로를 기억"하는 것을 보고 자란 아프 클린트는 눈에 보이지 않는다고 존재하지 않는 게 아니라는 사실을 일찌감치 잘 알고 있었다. 눈으로는 볼 수 없는 바닷속 지형과 암초, 물길의 흐름을 '눈에 보이도록' 표시하는 해도에 익숙해 있던 그녀에게 보이지 않는 것을 보이도록 만드는 것은 이상한 일이 아니었으며, 해도에 그려진 추상적인 선과 점선, 온갖 기호 들은 훗날 그녀의 추상화에서 중심적인 형상으로 살아난다.*

"왜 위대한 여성 미술가는 없었는가?"

자, 이제 끝으로 한국 여성 미술가들의 전시와 연구에는 어떤 단어가 필요하고 관객은 전시장에서 어떻게 움직여야 하는지 살펴보자. 이를 위해서는 현대 미술사에서 가장 중요한 논고 중 하나인, 영국의 미술사학자 린다 노클린(Linda Nochlin)이 1971년도《아트 뉴스》지에 쓴 「왜 위대한 여성 미술가는 없었는가?」를 먼저 꺼내 볼 필요가 있다. 페미니즘 미술가 주디 시카고(Judy Chicago)는 이 글에 관하여 "미술사학자가 쓴 글 하나가 세상을 바꿨다고 한다면 믿기 어렵겠지만 이것이 바로 린다 노클린의 1971년 에세이로 실제 일

---

* 조이한, 「힐마 아프 클린트의 생애와 작품의 수용 양상」, 『힐마 아프 클린트: 적절한 소환』(부산현대미술관, 2025), 113쪽.

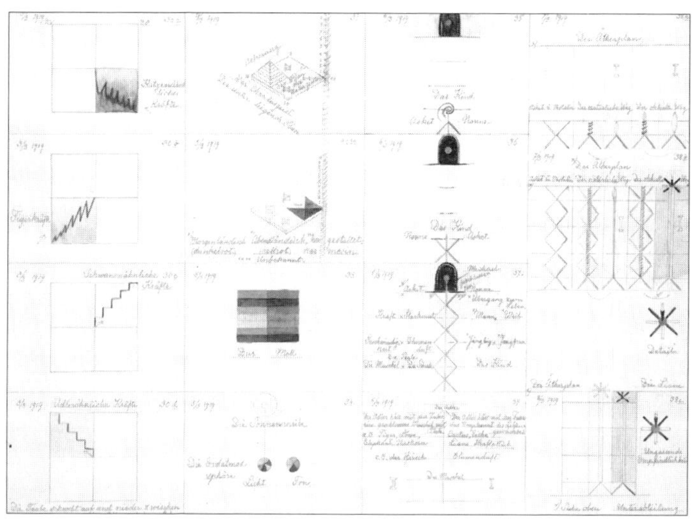

힐마 아프 클린트, 〈No. 30a-38c〉, 그룹 2, 무제 연작 II, 1919년 3월 3일-3월 8일, 종이에 수채, 흑연, 36×50cm.(사진 제공: 힐마 아프 클린트 재단)

어났던 일”이라고 썼다. 린다 노클린은 이 글에서 역사적으로 여성 미술가가 없었던 이유를 그림 그리기 능력의 부재라는 개인의 능력이 아니라 미술 교육과 제도의 측면에서 찾았다. 즉 “예술적 성취를 위한 전제조건이 개인, 즉 사적인 것보다는 제도, 즉 공적인 것에 달려 있다는 것을 강조”(86쪽)했다.

자매들이여, 사실을 직시해 보자. 여자들 중에는, 물론 흑인 미국인들도 마찬가지겠지만, 미켈란젤로도 렘브란트도 없고, 들라크루아, 세잔, 피카소, 마티스, 그리고 좀 더 최근으로 와서 더 쿠닝이라든가 워홀에 비교될 만한 인물이 없다. 만약 정말로 ‘밝혀지지 않은’ 위대한 여성 미술가들이 많이 존재했다면, 혹은 남성 미술과 여성 미술을 보는 서로 다른 기준이 있어야 한다면(둘 다 취할 수는 없다), 페미니즘은 무엇을 위해 싸우고 있을까?*

린다 노클린은 글을 쓴 지 35년이 지난 2006년 「밀레니엄 시대의 여성 미술가들」이라는 글을 썼다. 조각에 대한 전제 개념을 바꾼 루이즈 부르주아, 산후 기록을 작업화한 메리 켈리, 공공미술 영역을 작업한 마야 린, 흑인 여성 미술가 카라 워커 등을 이야기했다.**

그만큼 오늘날 여성 미술가들은 수적으로도 남성 미술가들보다 적지 않아 보인다. 당장 한국의 리움미술관에서도 작가 이불의 전시가 열리고 있다. 양혜규, 김아영, 김수자 등 세계적으로 활발히 활동하는 작가들에게 여성이라는 표식어는 제약 조건이 아니다. 그러나 한국 여성 미술가들의 전시는 국립현대미술관의 회고전 리스트를 볼 때 아직 갈 길이 멀다. 근래 국립현대미술관의 회고전은 김창열, 장욱진, 문신, 이승택, 박서보, 김중업 등 남성 원로 작가가 주를 이루었다. 2020년 국립현대미술관 덕수궁에서 열렸던 박래현 작가가 남성 작가들처럼(!) 유일하게 《탄생 100주년: 박래현, 삼중통역자》라는 제목을 가졌다.***

이 긴 이야기를 접어 두고 나의 기억으로 다시 돌아가 보자.

---

* 약간 허무하지만 노클린은 20세기 전반의 이름 있는 여성 작가들은 아버지가 화가였거나 남편이 화가였다고 쓴다. 사회적 제도로써 공적인 장치가 여성이 전문 화가이기를 적극 권장하지 않았기에 개인이 접근할 수 있는 공적 통로로써 친지나 지인이 역할했던 것이다. 린다 노클린, 이주은 옮김, 『왜 위대한 여성 미술가는 없었는가?』(아트북스, 2021), 30쪽.

** 글의 원문 제목은 「밀레니엄 시대의 여성 미술가들(Women Artists at the Millennium)」이다. 린다 노클린, 「왜 위대한 여성 미술가는 없었는가? 30년 후」, 『왜 위대한 여성 미술가는 없었는가?』(아트북스, 2021), 88-115쪽.

*** 이 글에서는 충분히 다룰 수 없지만, 왜 여성 작가의 전시에는 삶의 '이야기'가 필요할까? 나혜석, 천경자 등의 근현대 여성 미술가들을 떠올려 보면, 이들의 삶을 둘러싼 '이야기'와 '사연'이 작품 자체의 평가보다 앞서는 것을 알 수 있다.

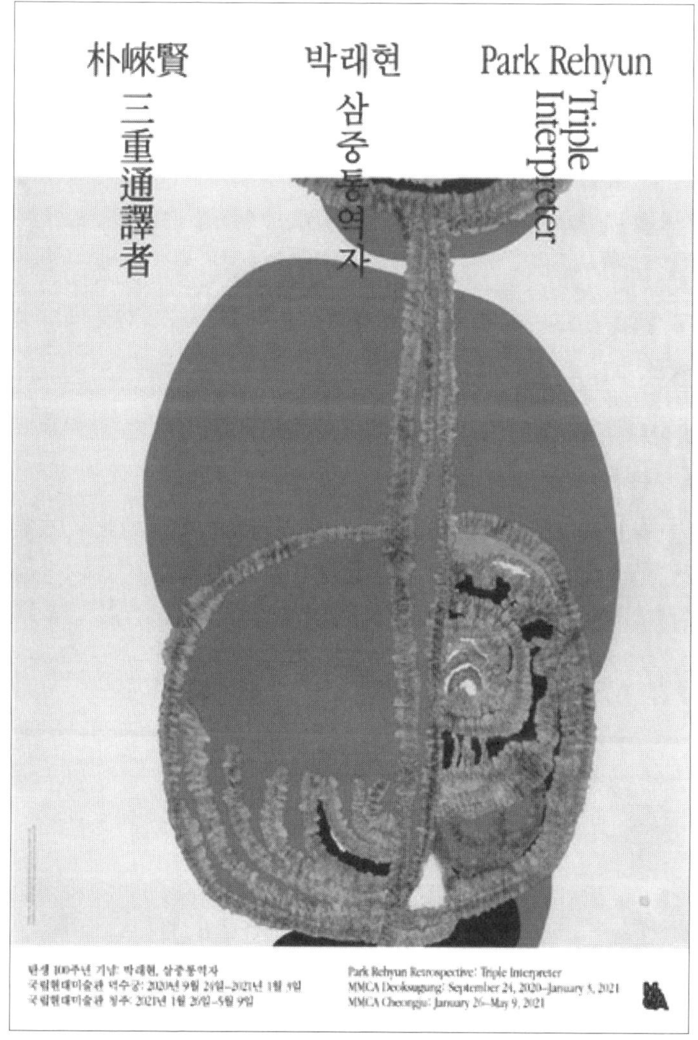

《탄생 100주년: 박래현, 삼중통역자》 전시 포스터. 전시는 '삼중통역자'라는 제목으로 작가 박래현(1920-1976)의 작업 세계와 작가로서의 삶을 구조화했다. 전시가 말하는 삼중통역자란 청각 장애를 가진 남편 김기창을 위한 영어·한국어·구어(口語)의 통역자, 회화·태피스트리·판화의 삼중 통역을 시도했던 것으로 보았다. 20세기 한국 화단에 선구적 자취를 남긴 여성 미술가로서 오십 대에 갑자기 타계한 뒤 박래현은 오랫동안 운보 김기창의 아내로서만 기억되었다.

(출처: 국립현대미술관)

나는 힐마의 전시를 보고 여러 명의 한국 여성 작가를 떠올렸다. 특히 두 명의 한국 여성 작가. 먼저 남화연 작가의 대학원 시절 초기 드로잉이 떠올랐다. 남화연은 안무가 최승희의 아카이브를 비롯해 다양한 아카이브와 설치, 조각과 미디어를 다루는 작가다. '2019 베니스비엔날레' 한국관 《History Has Failed Us, but No Matter》(기획 김현진) 전시를 비롯해 여러 차원의 '목소리'를 기록하고, 아카이브와 퍼포먼스, 설치 등의 다양한 수행적 작업을 실행해 왔다. 그는 대학원 시절인 2006-2007년 외부에 적극적으로 발표하지는 않았지만, 종이에 연필로 섬세하고 강한 이미지가 담긴 드로잉을 그리곤 했다. 그다음은 홍승혜 작가. 특히 〈그림을 위한 집〉을 그린 힐마의 집 드로잉은 홍승혜 작가가 1990년대 초반 얇은 종이 위에 그린 〈집 드로잉〉 연작과 놀랄 만큼 닮아 있다. 최대한 집을 단순화해서 삼각형과 사각형으로 그리고, 삼원색을 비롯한 색을 지붕과 창문에 각각 독립적으로 배치한다. 힐마와 남화연, 홍승혜, 박래현 등등의 여성 작가 모두 발을 딛고 선 현실의 시간과 공간은 다르지만, 집을 '스스로 짓고' 집 안에서만이 아니라 집 밖에 있는 자신을 보기 위한 시선을 가졌다는 점에서 통하지 않을까 생각한다.

　　PS.

　　그리고 글을 마칠 때쯤 이 문장이 떠올랐다. 힐마는 힐마가 되기 위해 노력했다. 그것이 1900년대의 스웨덴에서든 지금 2025년에 관객이 소환하는 힐마든지 간에 말이다. **서리북**

현시원

본지 편집위원. 연세대학교 커뮤니케이션대학원에서 미디어아트와 전시 매체를 가르친다. 근래 관심사는 아시아의 미술 공간과 전시 도면이다. 큐레이터로 활동하며 전시공간 시청각을 운영해 왔다. 2024 창원조각비엔날레 '큰 사과가 소리없이' 예술감독이었다.

📖 서구 미술 역사상 왜 '위대한' 여성 예술가는 없었는지 탐구한 린다 노클린의 글. 이 글은 1971년 작성된 이후 페미니즘 미술사를 서술하는 원동력이 되었다. 2021년 아트북스에서 출간한 이 책에는 30년 후 노클린이 바라본 밀레니얼 세대의 여성 작가들에 관한 풍부한 해석이 담겨 있다.

"펜실베이니아 미술원에서 여성용 모델 수업을 듣는 여학생들은 이런 작은 특권조차 누리지 못했던 것이 분명했다. 토머스 에이킨스가 1885년경에 찍은 한 사진을 보면, 여학생들이 암소를 모델로 그림을 그리고 있는데, 이 소가 벌거벗었다는 점은 당시로서는 여성에게 자유를 보장한 대담한 시도였다." — 책 속에서

『왜 위대한 여성 미술가는 없었는가』
린다 노클린 지음
이주은 옮김
아트북스, 2021

📖 '칸딘스키, 몬드리안, 쿠프카보다 앞서 추상화를 그린 여성 화가의 일대기'라는 책 소개 문구 이상으로, 한 개인이자 사회인으로서 힐마 아프 클린트가 살아가면서 경험했던 세계를 생생하게 기록한다.

"그에 반해 여성 미술가들의 작품은 미로처럼 얽힌 전시장의 가장 후미진 구석, 계단과 비상구 옆의 작은 공간 두 곳으로 처박히듯 밀려났다. 협회 회원을 한 사람도 배제하지 않기 위해 벽에는 총 2백 점에 달하는 그림이 촘촘히 걸렸다. 아프 클린트는 탈퇴한 후로 더 이상 회원이 아니었지만, 그녀의 그림 한 점이 전시된다. 하지만 그 그림을 찾기란 건초 더미에서 바늘을 찾는 것만큼이나 힘들다."
— 책 속에서

『힐마 아프 클린트 평전』
율리아 포스 지음
조이한·김정근 옮김
풍월당, 2021

리뷰

2025년 노벨문학상 수상자 크러스너호르커이 라슬로.(출처: 위키미디어)

역사의 상상인가, 상상의 역사인가

김보국

작가의 손을 떠난 작품을 독자는 광장으로 옮긴다

헝가리 사람들은 종종 이야기하곤 한다. "헝가리 작품들은 항상 손해를 보는 셈이야. 헝가리어의 그 미묘한 아름다움이 번역을 거치면서 상쇄되거든. 외국 작품들이 헝가리어로 번역될 때는 그 반대지." 헝가리어는, 특히 세계 인구의 절반 가까이를 차지하는 인도유럽어 사용자들이 접근하기 쉽지 않기에 '악마의 언어'로 불린다. 그 '악마의 언어'로 작품 활동을 한 헝가리 출신의 작가 두 명이 노벨문학상을 수상했다. 케르테스 임레(Kertész Imre)가 2002년에, 그리고 올해 크러스너호르커이 라슬로(Krasznahorkai László)가 헝가리 작가로는 두 번째 수상자로 선정되었다.

케르테스 임레가 노벨문학상 수상 작가로 발표되었을 때 당연히 많은 헝가리 사람이 축하하고 기뻐했다. 하지만 한편으로 '훌륭한 헝가리 작가들이 있음에도 불구하고 왜 그가?'라는, 조금은 의외라는 분위기가 있었다. 당시 헝가리 민족주의 정당이 사월에 있었던 총선에서 1%도 안 되는 박빙의 차이로 사회주의 정당에 패배한 직후였기에 헝가리인의 첫 노벨문학상 수상이라는 기쁨도

2002년 노벨문학상 수상자 케르테스 임레.(출처: 위키미디어)

정치적 해석의 원심력에서 벗어나기 어려웠다. 크러스너호르커이의 수상 소식이 전해지자마자 당시 루마니아에 체류 중이던 헝가리 총리 오르반 빅토르(Orbán Viktor)는 "쥴러(Gyula, 크러스너호르커이의 출신지) 출신의 첫 노벨상 수상자인 크러스너호르커이 라슬로는 헝가리의 자랑입니다. 축하합니다."라는 메시지를 발표했다(크러스너호르커이 수상 전까지 '헝가리계'로는 총 21명, 헝가리에서 출생한 수상자로 한정하면, 헝가리는 총 12명의 노벨상 수상자를 배출했기에 총리가 특정 도시 출신을 언급한 것은 나름 또 다른 뿌듯함의 표현이다). 하지만 "총리의 축하에는 감사하지만 저는 당신의 정치적 행동과 사상에는 반대하며, 자유로운 작가로 남겠다"는 그의 답변이 SNS에서 퍼졌고 다수의 언론이 이를 게재했다. 이후 크러스너호르커이는 X(구 트위터)에 계정이 없는 것으로 판명되었고 곧 가짜 뉴스임이 알려져서 그 자체가 언론의 조명을 받기도 했다. 이렇듯 헝가리 작가의 노벨문학상 수상은 항상 현실 정치와 조금은 불편한 해석의 틀에서 회자되었으며, 이는 비단 헝가리만의 문제는 아닌 듯하다.

　　헝가리 작가의 노벨문학상 수상 소식을 나는 두 번 모두 헝가리에서 접했다. 한국 기자들이 전화로 그 소식을 전하면서 기사에 담을 만한 정보를 요청했는데 이런 뜻밖의 전화 인터뷰 요청은 헝가리 문학 애독자로서 앞으로도 계속 이어지길 바라는 마음이다.

'크러스너호르커이'라는 이름의 무게

크러스너호르커이의 작품 세계와 그의 작품들을 간단히 살펴보기 전에 우선 그의 이름 표기에 대하여 한 가지 짚고 넘어가고자 한다. 흔히 한글의 위대함을 나열할 때 자모의 결합으로 1만 글자(소리) 이상을 표현할 수 있는 표기의 유연성과 확장성을 꼽는다. 하지만 소리 나는 대로 표현 가능하다는 장점은 원칙상 된소리를 허용하지 않는 외래어표기법 족쇄에 묶여, 실제로 표현 가능하다고 해도 소리 나는 대로 표기하기는 불가능하다.

　　헝가리어에 가장 가까운 한글 표기는 '끄러쓰너호르꺼이 라쓸로'라고 할 수 있는데, 어쩌면 헝가리 사람과 대화 중 이 발음 그대로 그를 칭하면 더 친근하게 대화를 이어갈 수도 있을 것이다. 아니면 어차피 외국인들은 모두 "크라스나호르카이"라고 발음하기에, 그에 익숙해진 헝가리 사람은 오히려 원어에 가까운 호칭을 발음하는 상대방을 더 이상하게 생각할 수도 있겠다. 어쩌면 국립국어원은 이 이유로 외래어표기법을 고집하는지도 모를 일이다. 또한 다수가 알듯이 헝가리 성명 표기 순서는 한국과 동일하므로

크러스너호르커이 라슬로의 성이 크러스너호르커이(Krasznahorkai)
지만, 학자나 예술가의 경우 '성씨'가 예의와 존경의 의미로 이름
을 대표하는 경우가 흔하기에 보통 헝가리에서는 이름인 '라슬로'
보다 '크러스너호르커이'로 그를 칭하기도 한다. 이는 마치 '프란
츠 카프카'를 '카프카'로, '제임스 조이스'를 '조이스'로 부르는 것
과 마찬가지다.

아포칼립스의 시학: 종말, 계시 그리고 희망

그의 작품 세계는 줄곧 인간 존재의 한계를 탐구하는데, 어떻게 보
면 이는 문학의 본질적인 면이기도 하다. 하지만 그는 형이상학적
질문과 종말론적 상상력을 더하며 현대 헝가리 문학에서 독창적
이고 독보적인 지위를 차지한다. 포스트모던한 그의 작품 경향은,
내용상으로 보자면 세계 질서가 무너지고, 도덕적 가치가 붕괴하
며, 인간이 소속감의 지표를 잃어버린 존재로 묘사된다. 등장인물
들은 혼돈과 불확실성, 고독에서 목적을 찾고자 하지만, 그 여정은
대개 절망 또는 근본적 인식의 벽에 부딪힌다. 표현에서도 그의 문
체는 매우 긴 문장, 쉼 없이 이어지는 내면 독백, 반복되는 사유가
특징이며, 이는 독자를 인물의 심리와 세계의 무게 속으로 깊숙이
끌어들인다. 크러스너호르커이의 문체는 느린 호흡과 몽환적 리
듬을 형성하며, 독자에게 긴장과 몰입 그리고 존재론적 압박을 동
시에 경험하게 한다. 대표작인 『사탄탱고(*Sátántangó*)』, 『저항의 우울
(*Az ellenállás melankóliája*)』, 『서왕모의 강림(*Seiobo járt odalent*)』 등은 모두 붕
괴하는 사회 구조에서 인간의 영혼과 정신이 어떤 방향으로 나아
갈 수 있는지를 탐색한다. 특히 쇠락한 지방 도시, 주변부 공동체,
버려진 공간 등 주변적 장소의 반복 등장과 그 속에서 삶을 영위하
는 인물들은 단순한 사회적 은유를 넘어 인간 실존이 놓인 근본적

지평을 드러낸다.

　　그의 작품 속 인물들은 종종 영적 깨달음이나 구원을 추구하지만, 그 길은 대개 파국이거나 자살을 하거나 사라지는 등 인식의 깊은 어둠에서 끝난다. 그러나 이러한 절망은 단순한 허무주의로 환원되지 않는다. 연구자들은 그의 문학을 '엔트로피의 시학'이라 부르기도 하는데, 세계관이 지속적인 붕괴와 소멸을 다루기 때문이다. 그럼에도 그의 작품은 프란츠 카프카, 사무엘 베케트, 로베르트 무질 등 세계적인 문학의 전통과 깊게 호응하며, 동시에 중유럽의 역사적·문화적 경험과도 밀접하게 연결된다. 오히려 그는 인간 고통의 본질을 응시하며, 폐허에서도 희미하게 남은 인간 존엄성과 윤리적 가능성을 탐색한다. 이처럼 파멸과 영성, 혼돈과 질서, 무너짐과 희망의 가능성이 교차하는 지점에서 독자들에게 독특한 사유의 경험을 제공한다. 결국 크러스너호르커이의 문학은 서사를 넘어 현대인의 존재론적 불안을 정면으로 응시하게 하고, 붕괴하는 세계에서 영성 혹은 희망이 과연 가능할지 묻는 철학적 경험을 제공한다. 그렇기 때문에 에스테르하지 페테르(Eszterhás Péter)나 나더쉬 페테르(Nádas Péter)로 대표되는 헝가리 포스트모더니즘 문학을 논할 때 그의 이름이 거론되기는 하지만, 그의 작품에 메타모더니티가 더 도드라진다는 것은 부정할 수 없으며, 이는 에스테르하지나 나더쉬와 차별되는 크러스너호르커이 작품 세계의 큰 특징이기도 하다.

　　또 하나의 차별점을 들자면 크러스너호르커이 문학의 경우 동양의 모티브가 자주 등장한다는 점이다. 불가해한 현실의 질서, 서구 이성주의의 붕괴가 동양적 시각의 존재론과 구원이라는 모티브에 천착했다고 볼 수 있다.

소설가와 아키비스트의 경계에서

헝가리 국립 아카이브에서 근무하는 아키비스트(기록물의 보존을 담당하는 전문가)로서 그의 작품에 등장하는 '아카이브'는 흥미롭다. 거대 담론이든 지엽적인 담론이든 과거와 현재 그리고 미래가 절망과 구원으로 얽힌 그의 철학적 사유는 흔히 아카이브의 세계, 문서의 운명과 보존의 문제로 작품에 현현한다. 이러한 세계관이 잘 담긴 대표적인 작품으로 『전쟁과 전쟁(*Háború és háború*)』(가제)이 있다. 1999년에 파종자(播種者)라는 의미를 지닌 머그베퇴(Magvető) 출판사에서 처음으로 선보인 작품이다. 이 작품 속 주인공은 지방 아카이브에서 근무하며 우연히 오래된, 중요한 문서들을 발견하고 인류의 종말 후에도 그 자료들이 영원히 보존될 수 있도록 뉴욕으로 가서 인터넷에 자료를 올리고자 한다. 결국 주인공은 자료를 업로드한 후 자살로 생을 마감하게 되는데, 아카이브가 직접적으로 그의 소설에서 주요 모티브로 등장하는 유일한 작품이다. 『사탄탱고』, 『저항의 우울』, 『서왕모의 강림』 등에서 아카이브가 비록 주요 모티브로 등장하지 않더라도 이 각각의 소설들에는 행정 문서, 보고서, 회의록, 복원, 영원히 보존되어야 할 것 등이 등장하며 준 아카이브적인 소설 형태를 띠고 있다. 그의 작품들에서 아카이브는 기록물을 보관하는 단순한 장소가 아니라 그의 사고방식 자체를 담아내는 것이다.

왕정복귀라는 농담과 농담보다 더한 현실

작년에 발표한 『쬠레는 거기에(*Zsömle odavan*)』(가제) 또한 주요 모티브는 아니지만 아카이브가 곳곳에 등장한다. 이 소설은 지금까지 숨어 지내던 칭기스 칸의 가계와 헝가리 왕가의 자손이 약 750년이 지난 현재에 등장하고 그 추종자들이 진정한 군주 국가

노벨문학상 발표 후 헝가리 서점 풍경.(사진 제공: 필자)

로서 헝가리의 정체를 바꾸고자 하는 내용이다. 주인공은 현실과 자기 신화 사이의 공간에서 살고 있으며, 그가 정말 미친 건지 아니면 세상을 피해 도망치는 아이러니한 생존자인지 독자들이 분명하게 인지할 수 없도록 하는 것이 크러스너호르커이 문장의 마력이다. 더불어 아카이브적 사고 또한 곳곳에 배어 있는 의미 있는 작품이기도 하다.

　저자 후기에서 그가 직접 밝히기도 했지만—그렇지 않다고 해도—이 작품에 등장하는 역사적 배경은 허구다. 하지만 그의 문학 특징인, 역사적 사실로 된 표지석을 잇는 허구적 잔돌로 이 작품은 구성되어 있다. 몽골의 침략과 관련한 소재는 앞서 언급했던, 그의 포스트모더니티와 동양적인 모티브 관계의 연장선에서 해석할 수 있다. 그러면 왕가의 복원이라는 소재와 현실 정치의 결합은 어떻게 해석할 수 있을까? 근왕주의자들의 등장은 상징성을 띤 소재라고 할 수 있는데, 그보다 더 흥미로운 것은 헝가리 작가들의 경향이다. 그가 일흔 살이 된 해에 출판된 이 소설은 헝가리의 역사를 주요 모티브로 하고 있다. 어떤 비평가는 일흔 살에도 새로운 형식과 새로운 관점으로 소설을 쓸 수 있는 그의 능력에 찬사를 보냈지만, 헝가리 작가들에게 이는 새로운 것이 아니다. 노년에 접어든 많은 작가가 자신과 가족의 근원에 관한 이야기를 풀어 나가는 일은 어쩌면 일반적이지만, 헝가리 작가들이 헝가리의 뿌리, 개인의 역사보다는 '헝가리의 역사'에 대하여 천착한 작품들을 쓰는 것은 흥미롭다. 이는 장르를 불문하고 어렵지 않게 확인할 수 있는데, 이예쉬 쥴러(Illyés Gyula), 메쬐이 미클로쉬(Mészöly Miklós), 케르테스 임레(Kertész Imre), 보도르 아담(Bodor Ádám), 슈피로 죄르지(Spiró György), 에스테르하지 페테르(Esterházy Péter) 등을 대표로 들 수 있다. 심지어 헝가리 문학에서 초단편 장르의 창시자로, 지금도 후대에 많은 영향과 영감을 주는 외르케니 이슈트반(Örkény István)도 죽음을 앞두고 몽골의 침략부터 당시를 아우르는 장편 역사소설을 구상했다. 어쩌면 『죔레는 거기에』를 통해 그의 자아가 현실로 '강림'한 것은 아닐까? 그렇기에 그의 '죔레'는 데리 티보르(Déry Tibor)의 '니키(Niki)'*와는 다르게 현실에서 영원한 삶을 살고 있는 것은 아닐까?

한편 소설에서 근왕주의자들이 등장하는 것은 우리에게도 그렇게 낯선 소재는 아니다. 한국 문학에서도 이문열은 『그대 다시는 고향에 가지 못하리』(나남, 1986)에서 정산 선생과 다수의 칼럼을 통해 언급한 바 있다. 하지만 문학적 상상력이 조금 더해졌더라면, 그리고 무엇보다 그가 30대 초반이 아닌, 공동체에 대한 많은 고민과 연륜이 쌓인 말년에 이를 소재화했더라면 더 많은 공감을 받았을 것이다.

밀란 쿤데라의 잃어버린 10년: 중역과 오역

밀란 쿤데라가 장년의 시기에 약 10년 동안 작품 활동을 하지 못한 이유 중 하나는 본인의 작품 번역에 많은 시간을 쏟았기 때문으로 알려져 있다. 그렇게 된 유명한 일화가 있다. 그는 어느 날 그의 작품을 번역했다는 번역가를 만났는데, 그 번역가는 체코어를 전혀 할 줄 몰랐다고 한다. 쿤데라는 놀라서 "아니 어떻게 체코어를 모르는데 체코어로 쓰인 나의 작품을 번역했어요?"라고 물으니,

---

* 헝가리 현대 문학의 거장 데리 티보르(Déry Tibor)의 대표작 중 하나인 『니키라는 어떤 개의 이야기(*Niki, egy kutya története*)』에 등장하는 개, 니키는 주인이 사회주의 시절 정부에 항거해 오랜 수감 시간을 보낼 때 하염없이 그를 기다리기만 한다. 하지만 소설의 마지막 장면에서 결국 주인이 다시 집에 돌아오자 니키는 침대 아래로 쓸쓸히 들어가 끝내 나오지 않는다. 데리 티보르는 이 작품으로 1975년 노벨문학상 수상 후보에 오른 것으로 알려졌으나, 노벨상 관련 자료는 50년 후에 공개되기 때문에 공식적으로는 2026년에 이를 확인할 수 있다.

밀란 쿤데라. 그는 자신의 작품이 오역되는 일을 막기 위해 번역에 힘쓰느라 10년간 작품 활동을 하지 못했다.(출처: 위키미디어)

그 번역가는 미소를 지으며 '마음'으로 번역했다고 한다. 그의 표정이 워낙 진지해서 쿤데라는 정말 '마음'으로도 번역이 가능하다고 순간 착각했다고 언급했다. 이후 약 10년 동안 쿤데라는 자신의 작품이 오역되지 않도록 큰 노력을 기울였고, 심지어 한국어 번역 당시 출판사에 팩스까지 보내온 일은 유명한 일화 중 하나다.

수년 전에 크러스너호르커이의 『저항의 우울』 번역을 의뢰받고 그 일부를 초벌 번역해 제출한 적이 있었다. 작품은 난해했으나, 대단한 작품이라는 것을 알 수 있었고, 그때부터 주변에 '차기 노벨문학상 수상 작가'로 소개하기도 했다. 중고 서점에서 그의 사인이 들어간 헌정본을 어렵게 구하고, 그의 작품들을 눈여겨보았다. 하지만 일부의 초벌 번역은 시간이 없어서 시원찮으니 차후 제대로 된 원고를 제출하겠다고 요청했지만, 출판사는 분명 내부 사정이 있었을 터, 영어 중역으로 책을 출판했다. 나중에 원서와 비교하니, 시간상 조금 더 신경 써서 초벌 번역 일부를 제출하지 못한 나 자신을 탓할 수밖에 없었다. 원어가 줄 수 있는 깨알 같은 표현과 어감이 영어라는 다른 언어를 하나 거치면서 밋밋하게 다듬어졌기 때문이었다. 크러스너호르커이의 노벨문학상 수상 소식을 듣고 개인적으로 가장 먼저 든 생각은 이런 유의 아쉬움이었다. 미리 구매했던 한정판 사인본이 높은 가격에 거래된다는 지인의 전언도 이 아쉬움을 달래지는 못했다.

　하지만 약 23년 전과 비교하면 조금 나아진 셈이라고 억지로 위로해 본다. 헝가리 작가로는 처음으로 케르테스 임레의 노벨문학상 수상 소식이 전해지자 국내 출판사에서 급히 그의 대표작을 출판했는데, 초판의 경우 시간에 쫓겼는지 번역본의 앞부분과 뒷부분에서 등장인물의 이름이 다르게 표기되는 등 조악하게 중역했다는 의심을 피하지 못했기 때문이다.

　『죔레는 거기에』는 문체뿐 아니라 역사적인 배경이 우리나라와 다르기 때문에 한국 독자들에게 그 내용이 쉽게 다가올 수 있는 작품은 아니다. 몽골의 침략은 한국 역사에도 등장하는 사건이기에 그나마 친근한⑵ 소재라고 할 수도 있겠다. 하지만 약 100년 전에 국토의 3분의 2가 '잘려 나간' 트리아농의 비극은—헝가리로서는 비극이지만 작품에 주된 공간으로 등장하는 슬로바키아를 포함한 인근 국가들은 국가적인 축일로 기억한다—이 작품을 이해하는 또 하나의 중요한 관점이다. 버쉬 얼베르트(Wass Albert)*가

---

* 헝가리 작가. 1,000년 이상 헝가리인들의 터전이었으나 제1차 세계대전의 패전으로 루마니아에 병합된 트랜실바니아 지역을 헝가리인들의 관점에서 작품화한 작가로 특히 알려져 있다.

수차례 이 책에서 언급된 것은 우연이 아닐 것이다. 하지만 이 소설을 헝가리 민족주의 관점에서 해석하는 것은 편협하다. 이 때문에 그의 노벨문학상 수상 소식이 발표되자 앞서 언급한 가짜 뉴스가 등장했고, 많은 사람이 그 가짜 뉴스를 실제로 믿었다.

어쩌면 이 소설과 함께 헝가리의 중세와 근현대 역사를 함께 살펴보는 것은 한국 독자들에게 또 다른 독서의 즐거움을 줄 수도 있지 않을까? 서리북

김보국

성균관대 동아시아학술원 수석연구원. 헝가리 국립 아카이브 동아시아연구소 소장. 중동유럽 한국학회 회장. 『난장이가 쏘아 올린 작은 공』, 『채식주의자』 등을 헝가리어로 번역했고, 헝가리 작가 쎄르브 언털, 써보 머그더, 나더쉬 페테르 등의 작품들을 한국어로 번역했다.

📖 기록, 역사, 공유, 광기 그리고 사랑. 하지만 그가 사라진 지금, 우리는 이 모든 것이 인간의 일임을 알아야 한다. 물론 사라진 그가 또 다른 기록, 역사, 공유, 광기 그리고 사랑에서 태어나고, 이것이 무한 반복된다 해도 말이다.

"그는 지금 이 순간 해야 할 일을 하지 못한다면, 그리고 저 다른 세계가 숨 쉬고 있는 그 원고를 세상 앞에 내놓기 위해 길을 떠나지 못한다면, 자기 안팎의 모든 것이 돌이킬 수 없이 붕괴해 마침내 텅 빈 허무만이 남게 되리라는 예감을 떨칠 수 없었다. 세상에는 어디엔가 반드시 질서라는 것이 있어야 하고, 그 질서가 사라지면, 결국 아무것도 존재할 수 없기 때문이다." — 책 속에서

『전쟁과 전쟁(*Háború és háború*』(가제)
크러스너호르커이 라슬로 지음
Magvet Könyvkiadó, 1999

📖 크러스너호르커이 라슬로의 작품 세계를 거론할 때 흔히 등장하는 '아포칼립스-메시아주의'가 역사적 상상력과 현실하고 결합되어 종말과 구원을 논한다. 동유럽 역사에 관심을 가진 독자들에게는 탐독의 즐거움 또는 고통을 제공할 수 있을 것이다.

"세월이 아무리 흘러도 사람은 한때 사랑했던 존재로부터 결코 벗어날 수 없다고, 그가 마치 숨을 흘리듯 조용히, 거의 부끄러움에 젖은 목소리로 말했을 때, 그 자리에 있던 모두가 알았다. 그 말 한 줄기에는 단지 한 노인의 고독만이 아니라, 어떤 인간적 진실, 누구도 외면하거나 부정할 수 없는 깊고도 오래된 진실이 깃들어 있다는 것을." — 책 속에서

『죔레는 거기에(*Zsömle odavan*)』(가제)
크러스너호르커이 라슬로 지음
Magvet Könyvkiadó, 2024

데이비드 그레이버
데이비드 웬그로

THE DAWN OF EVERYTHING

모든 것의 새벽

다시 쓰는 인류 역사

A NEW HISTORY OF HUMANITY

김병화 옮김 | 이상희 감수

김영사

『모든 것의 새벽: 다시 쓰는 인류 역사』
데이비드 그레이버·데이비드 웬그로 지음, 김병화 옮김
김영사, 2025

평등의 고고학:
선사, 고대, 계몽주의 시대의
아나키스트 세계사

황희선

오랜 친구이자 멘토였던 데이비드 그레이버가 작고하기 한 해 전 런던에 갔다가 그의 집에서 며칠 머문 적이 있다. 내가 썼던 방에는 고풍스러운 안락의자가 놓인 책상이 있었다. 나는 인류학자라는 직업상 조사를 다니느라 집 밖에서 자는 일이 많다. 집을 떠나면 제일 아쉬운 물건이 책상이다. 내가 다닐 수 있는 가격대의 숙박업소에는 보통 책상이 없다. 책상이 있어서 너무 좋다고 하자 그가 이렇게 말했다. "나는 책상에 대한 권리가 보편적이어야 한다고 생각하거든." 읽고 쓰는 작업, 그중에서도 특히 글을 쓰는 작업에 필수적인 도구가 책상이다. 따라서 책상에 대한 권리는 읽고 쓸 권리기도 하다. 이 권리가 보편적으로 실현된 사회는 아마도 교육 수준이 높을 것이고 노동이 비교적 고르게 분배되어 누구나 책상에 앉을 여유가 있으며 언론과 출판의 자유 또한 높은 수준에서 성취되었을 것이다. 짐작건대 상당히 평등하고 자유로운 사회일 것이다.

그러나 길게 보면 30만 년, 짧게 보면 5만 년에 달하는 현생 인류의 역사에서 책상이 있었던 시기는 극히 짧다. 사람들은 책상이나 글 없이도 인류사에서 중요한 발명과 성취의 상당수를 이룩했다. 그리고 그들의 정신 세계, 그들이 이룬 사회관계가 우리보다 빈곤했거나 '나빴다'는 확실한 근거는 없다. 책 속 논의에 따르면, 평등이라는 관념은 계몽의 산물이 아니라 그 원인에 가까웠다. 그렇다면 잉여 생산물의 축적 및 조세 수탈을 가능하게 해서 사회적 불평등을 낳은 원흉이라고 지목되는 농경은 왜 최초 증거가 발견되는 1만여 년 전으로부터 수천 년의 시간이 지나서야 본격화되었을까? 농사로 생계를 꾸리기 전의 인간 사회는 루소 또는 홉스가 머릿속에 그렸던 것처럼 낙원 또는 전쟁 상태였을까? 이러한 질문들에 답하기 위해서는 이들 역시 인간인 이상 '이런 조건에서는 이렇게 행동할 것'이라는 전제하에 그들의 관점에서 사태가 어떻게 보였을지 상상하고 질문하는 편이 반대의 경우보다 설득력 있을 것이다. 그렇다. 『모든 것의 새벽』은 최근 담론장에 화려하게 복귀한 '인류'에 대한 책이다.

이 책은 고고학과 민족지 등의 자료를 통해 인류사를 다루는 '빅 히스토리' 저작이다. 어쩌면 계몽주의 시대를 가미한 '아나키스트 세계사'의 선사·고대 편인지도 모르겠다. 그레이버의 전작인 『부채』(부글북스, 2011)를 일종의 아나키스트 경제사로 읽을 수 있는 것처럼 말이다. 이 책은 본래 불평등의 역사를 기술할 예정이었다. 즉 우리가 사는 세계가 어쩌다가 이렇게 불평등이 심화한 지경에 왔으며, 불평등은 애초에 왜 생겨났는지 질문하는 데서 출발했다. 그러나 저자들이 수집한 자료들은 일반적 가정과 달리 역사가 단선적인 경로를 따라 변화하지 않았다는 점과 사람들은 기회가 있을 때면 불평등한 사회를 뒤엎는 사회 변혁을 해왔다는 점, 또한 사람들이 대규모로 모여 살아도 위계질서가 반드시 출현하지는 않았다는 점을 암시했다. 게다가 자료들은 보통 상식처럼 간주하는 목적론적 도식과도 꼭 일치하지는 않았다. 이 맥락에서 목적론이란 농업의 도입 이래 인간 사회의 규모와 복잡성이 증가했고, 크고 복잡한 사회를 운영하려면 중앙집권적 기구가 출현해야 했고, 국가는 이 사태에서 필연적으로 생겨난다는 사고방식을 말한다. 어떤 면에서 우리는 국가라는 제도에 너무 익숙해서 그것이 없는 곳에서조차 마치 있는 것처럼 여기는 경향이 있는지도 모른다. 저자들이 필립 에이브럼스(Philip S. Abrams)를 인용한 바에 따르면, 국가는 "정치적 실천의 가면 뒤에 있는 실재가 아니기 때문이다. 그것은 우리로 하여금 정치적 실천을 있는 그대로 보지 못하게 막는 가면 그 자체다."(594쪽)

선사시대와 고대의 정치적 실험들

목적론적 도식을 괄호 쳐놓고 사태를 바라보면 다른 사례를 많이 발견할 수 있다. 구석기 시대에는 다양한 사회적, 정치적 실험이 이루어졌다. 각 집단은 사회가 위계적으로 운영되는 계절과 자율적으로 운영되는 계절을 번갈아 보냈기 때문에 영구히 고착된 불평등은 없었던 것으로 보인다. 신석기 시대로 가보자. 도시 규모의 정착지가 처음 생겨난 시기는 약 6,000년 정도 전인데, 초기 도시에는 권위주의적 지배의 흔적이 있는 경우가 매우 드물다. 가령 우크라이나와 몰도바에 있는 대단위의 선사시대 주거지는 학자들이 '도시'라고 부르기를 망설이기 때문에 '메가 유적'이라고 지칭되는데, 여기에서는 전쟁이나 사회적 위계 관계가 발생했다는 증거가 8세기 넘게 발견되지 않았다.(404-416쪽) 심지어 기원전 2,300-1,800년에 존재했던 중국의 타오쓰 유적은 "세계 최초로 자의식이 개입한 사회 실험이 이루어진 도시"(456쪽)일 가능성도 있다. 이 유적을 뜯어 보면 초기 유적은 명확한 사회 계급의 존재를 보이지만, 기원전

2,000년경에는 같은 지역이 갑자기 "평민 거주 지역으로 변화"하며 도시가 수도의 지위를 잃고 일대가 "무정부 상태"(455쪽)에 빠진 모습으로 드러났다. 저자들은 이를 계급 체제가 사라진 후 번영의 시대가 도래했다는, 일종의 사회 혁명이 발생했다는 증거로 제안한다.

구성원들이 의식적으로 사회를 구성하는 메커니즘으로는 그레고리 베이트슨(Gregory Bateson)이 제시한 분열생성(schismogenesis) 개념이 언급된다. 분열생성은 인접한 문화권이 상호 참조를 통해 대조적인 문화 체계를 발달시키는 방향으로 문화 교류와 변동이 일어나는 현상을 일컫는 말이다. 이를테면 바로 인접한 집단의 문화가 이루는 극적인 대조는 생계 경제 양식의 차이로 환원해 설명할 수 없다. 아마 "자의식적인 상호 차별화"(345쪽)의 결과일 것이다. 북아메리카 대륙 서해안의 북쪽과 남쪽 지역의 문화적 대비가 그런 점을 잘 보여 주는 사례다. 포틀래치*같이 귀족적인 낭비와 과시, 경쟁으로 유명한 북쪽 문화권과 달리 남쪽 문화권에서는 '프로테스탄트 정신'과 비슷한 무엇, 곧 근검절약, 성실, 노동의 가치를 높이 샀다. 노예제에 대한 태도도 상이했다. 20세기 초 북부 인구의 4분의 1 정도가 노예였던 것과 비교해 남부는 부자와 빈자의 구분은 있었지만, 노예화한다는 사고방식 자체에 대해서는 강한 거부감을 보였다.(283-290쪽)

선주민 비평과 유럽의 계몽주의

그래서 우리가 단순히 "'사회적 불평등의 기원은 무엇인가?'가 아

---

* 아메리카 북서부 해안의 원주민이 각종 의례 상황에서 행하는 전통 축제의 일종이다. 선물을 많이 베풀수록 주최자의 명예와 위신이 높아진다.

포틀래치란 북미 태평양 연안 원주민이 선물을 나누는 축제로 주최자는 과시적인 소비를 통해
명예와 위신을 얻는다.(출처: 위키피디아)

니라 '사회적 불평등의 기원에 관한 질문의 기원은 무엇인가?'라
고 묻는다면"(49쪽) 계몽주의는 유럽 고유의 발명품이 아니라 주로
예수회 선교사였던 유럽인들과 이들을 감명시킨 달변가 아메리카
선주민들 사이의 대화에서, 즉 유럽의 사회 제도에 대한 선주민 비
평(indigenous criqitue)의 효과로 출현했다는 점이 시사된다. 저자들에
따르면 이런 대화를 통해 당시 유럽의 도덕 신학적 우주에서는 상
상할 수 없던 평등이라는 관념이 서구로 유입되었다. 선교사들과
선주민 '지식인'들이 나눈 대화를 살펴보고 민족지 자료를 검토한
저자들은 평등이 자유와 깊이 결부된다고 지적한다.

　자유의 기본 형태에는 세 가지가 있다. ⑴ 자신의 환경에서 떠
나거나 자리를 옮길 자유, ⑵ 타인이 내린 명령을 무시하거나 그에

복종하지 않을 자유, ⑶ 완전히 새로운 사회적 현실을 형성하거나 상이한 현실들 사이를 오갈 자유다.(693쪽) 또 이의 반대 극이라 할 수 있는 국가는 일거에 생겨나지 않았다. 오히려 서로 독립적으로 발달한 세 요소의 공교로운 조합이 국가를 사후적으로 구성했다. 이 요소는 ⑴ 주권, 곧 폭력의 통제, ⑵ 관료제, 곧 정보의 통제 그리고 마지막으로 ⑶ 영웅주의, 즉 카리스마적 영향력을 둘러싼 경주다. 저자들은 이 세 요소 모두가 제도적으로 발달한 경우를 온전한 의미의 국가라고 제안한다. 이를테면 고대 이집트는 '모델 국가'가 아니다. 주권과 관료제는 발달했으나 카리스마적 정치는 주권이 위기에 처할 때만 가시화되었기 때문이다.

농업의 기원과 사회적 의미

내가 책에서 가장 흥미롭게 읽은 부분은 신석기 시대의 '농업 혁명'을 재검토하는 6장에서 7장이다. 농업의 '도입'이 아니라 '회피'에 대해 설명하는 것이 주요 논지다. 기능주의적 관점으로 보면 농업은 식량 생산의 측면에서 더 효율적인 방식이기 때문에 '발명' 이후 상승일로를 탔어야 맞고 일반적으로 그랬다고 가정된다. 그러나 사람들은 오히려 수천 년 동안 웬만해서는 농사를 짓지 않으려고 했던 것처럼 보인다. 이를테면 밀을 길들이는 데 필요한 유전적 변이, 즉 알곡인 씨앗의 탈락을 막는 변이는 매우 빨리 고정될 수 있지만 실제로 그렇게 되기까지 무려 3천 년의 시간이 걸렸다.

　과거 환경에 대한 자료를 보면 기후가 농경에 적합했던 시기는 수렵 채집 활동에서 얻은 소득 역시 매우 풍족했던 시기였다. 굳이 농사를 지을 필요가 없었던 것이다. 해서 농사에 손을 댄 것은 척박지나 주변부로 밀려난 사람들이었다. 연중 사이클을 봐도

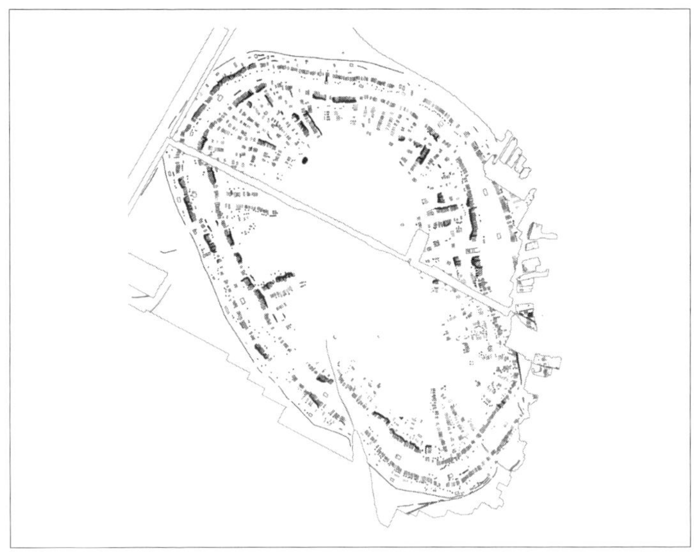

네벨리브카(Nebelivka). 기원전 3,000년경의 유적인 우크라이나의 네벨리브카는 도시 규모의
조직도 사회적으로 평등했을 가능성을 시사한다.(출처: 위키피디아)

농사는 안정적인 식량 조달원이 아니었다. 농경 발상지인 비옥한
초승달 지역은 강이 주기적으로 범람하는 곳이어서 범람 퇴수 농
법으로 농사를 지었기 때문에 최초의 농업은 계절적 텃밭 농사에
가까웠다. 농사는 어쩌면 일종의 놀이 내지는 제의의 일부로 시작
되어 지속되었을 수 있다. 더군다나 기술적 혁신의 역사가 대개 남
성 중심적 서사로 기술되는 것과 달리 농경 관련 활동들은 여성에
의해 이루어졌다. 더 참신한 대목도 있다. 농경이 시작된 지역에 풍
부했던 점토는 문자의 발명과 조각의 유행에 기여했을 것이다. 그
래서 "'농경의 기원'은 경제적인 변천이라기보다는 미디어 혁명
에 더 가까운 것으로 보이기 시작한다. 그것은 또한 텃밭 농사에서
건축, 수학, 열역학에 이르는, 그리고 종교에서 젠더 역할의 재규정
에 이르는 모든 것을 포괄하는 사회적 혁명이기도 하다."(339쪽)

가능성의 탐구

저자들은 책 초반부에 이렇게 적었다. 평등을 '성취'한 삶은 어떤 모습일지 구체적인 상을 바로 떠올리기 힘들다고. 불평등은 역사적 필연이라는 신화가 그 이유의 일부다. 억압이 발생하는 지점이다. 불가능해 보이는 것은 상상력의 영토에서 밀려나는 것이다. 타인의 욕망에 종속되기를 강요당한 사람들이 막상 원하는 것을 얻을 수 있을 때 자신이 바라는 것이 무엇인지 몰라 곤혹스러워하는 것 같은 상황이다. 그래서 무엇에 '대항'하는지도 중요하지만, 무엇을 '위해서'인지도 중요한 법이다. 이 책은 특히 수많은 고고학 유적에 대한 자세한 설명 때문에 소화하기 쉽지 않다. 하지만 핵심 논지는 선명하다. 인류 전체의 가능성을 시야에 두고 볼 때 우리가 추구할 수 있는 사회의 형태는 생각보다 훨씬 다양하고 그 모두가 불평등한 모습도 아니라는 것이다. 서리북

황희선

생물학과 인류학을 공부했다. 현재 한국 토종 씨앗 보존 운동의 흐름을 다종민족지적으로 풀어내는 인류학 박사 논문을 집필 중이다. 도나 해러웨이, 데이비드 그레이버, 새러 허디 등의 책을 한국어로 옮겼다. 논문인 「다종민족지」를 비롯해 주로 '비인간'을 주제로 다양한 지면에 글을 써 왔다.

📖 그레이버가 학술적, 정치적 맥락에서 작성한 논문과 에세이들을 모은 책이다. 권위, 위계, 억압, 물신, 생산양식, 자율, 직접민주주의 등 그레이버의 사유와 실천에서 핵심적인 개념들을 자세하게 논의하고 있다. 뒤통수를 때리는 아이디어와 인류학적 관찰이 인간 가능성에 대한 상상력을 확장하며, 이론과 실천 모두의 차원에서 영감을 불러일으킨다.

"국가 권력의 붕괴라는 의미에서 '무정부 상태'가 혼란, 폭력, 그리고 파괴를 낳을 때만 비-아프리카인이 무정부 상태에 대해 이야기를 듣고 싶어한다는 점은 사실 일종의 아이러니다."

"[마다가스카르에서는] 자기-통치의 능동적인 전통, 가령 유럽이나 라틴아메리카의 사회운동에서 나타났다면 분명 직접민주주의 문화라고 했을 무언가가 유지되어 왔다."
— 책 속에서

『가능성들: 위계·반란·욕망에 관한 에세이』
데이비드 그레이버 지음,
황희선·최순영·조원광 옮김
그린비, 2016

📖『모든 것의 새벽』에서도 주요하게 언급되는 책이다. 그레이버와 마찬가지로 아나키스트이자 인류학자, 정치학자인 저자가 농경의 도입이 인간의 사회 조직과 구조에 미친 영향을 분석한다. 국가의 출현에 기여했거나 반대로 비국가 공동체를 꾸릴 수 있게 해주는, 이른바 '정치적 작물'의 개념이 널리 인용된다.

"곡물은 '땅 위에서' 동시에 익는다는 점에서 국가의 세금징수원이 곡물에 대해 쉽게 판별할 수 있고 그 가치를 쉽게 평가할 수 있다는 엄청난 이점이 있었다. 이러한 특징 때문에 밀, 보리, 쌀, 서곡, 옥수수는 최고의 정치적 작물이 되었다." — 책 속에서

『농경의 배신: 길들이기, 정착생활, 국가의 기원에 관한 대항서사』
제임스 C. 스콧 지음
전경훈 옮김
책과함께, 2019

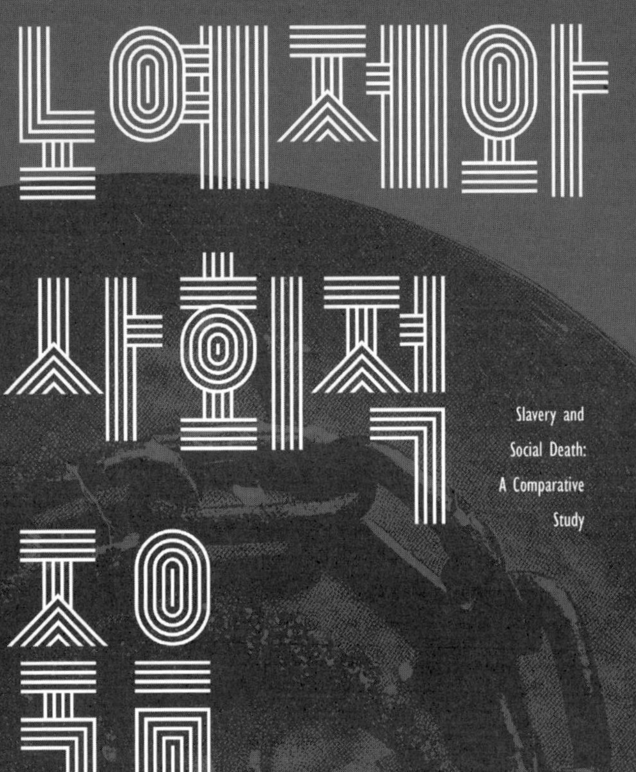

『노예제와 사회적 죽음』
올랜도 패터슨 지음, 김혁·류상윤 옮김
이학사, 2025

노예제를 해부하다

박종령

늦었지만 반가운 만남

1980년대 말에 출간되어 이미 세계 학계의 찬사와 관심을 모은 바 있는 이 고전이 이제야 국내에 번역되어 소개된 것은 놀랄 만한 일이다. 옮긴이의 말에서 지적하듯이 1990년대에 한국 노비제의 성격을 두고 논쟁이 이루어지는 과정에서 이 책의 핵심 주장 중 하나인 '사회적 죽음'이라는 개념이 중요한 논거로 인용되었다는 점을 떠올리면 더욱 늦은 감이 있다.

나 역시 십여 년 전 노비제에 흥미를 느끼고 공부를 하던 중 이 책의 사회적 죽음이라는 정의에 근거해 조선의 노비가 노예가 아닌 농노였다고 주장하는 이영훈 교수의 글을 인상 깊게 읽었다. 그때부터 내내 이 책은 언젠가 반드시 읽고 싶은 글로서 마음 한쪽에 남아 있었다. 그런 만큼 오래되고 난해한 글을 이제라도 소개해준 역자들에게 우선 감사의 뜻을 전하고 싶다.

노예제의 백과사전

이영훈 교수의 인용에서 비롯한 나의 기대와 달리 이 책은 노예제의 본질이 '사회적 죽음'에 있다는 저자의 주장을 제기하고 입증하는 과정으로만 채워진 것은 아니다. 물론 이 역시 이 책이 담고 있는 중요하고 도발적인 명제 가운데 하나지만, 이 책 전체로서는 노예제라는 제도의 개념과 내부 구조를 요소별로 자세하게 기술하는 한 권의 백과사전에 가깝다는 인상을 준다.

이 책은 노예제를 "태생적으로 소외되고 일반적으로 불명예스런 사람들을 영원히 그리고 폭력적으로 지배하는 것"(63쪽)으로 정의하고 각 장에서 이를 상세히 해부한다. 제1부에서는 세 장에 걸쳐 노예제의 본질을 깊게 파헤친다. 놀라운 점은 이 작업이 가장 널리 받아들여지는 노예의 정의라고 할 법한 '재산 또는 소유물로서의 인간'이라는 명제를 부정하며 시작한다는 사실이다. 저자는 노예제를 철저히 인간과 인간 사이의 권력관계로 이해하며, 노예를 재산으로 인식하는 것은 폭력적인 권력관계를 분식하기 위한 '물질주의 권력 이디엄'의 산물이라고 평가한다. 이러한 윤색을 걷어 내면 드러나는 것은 인간 간 권력관계의 가장 극단적인 형태다. 노예는 권력을 최대한으로 상실한 인간이며 주인은 그 반대편에서 한 인간(노예)에 대하여 최대한의 권력을 행사하는 인간이 된다. 이것이 노예제의 정의 가운데 '영원하고 폭력적인 지배'의 의미다.

노예가 이러한 피지배 상태에 처하는 것은 그가 신체적 죽음을 대신해 노예가 되었기 때문이다. 그는 마치 망자같이 혼인, 친족 그리고 여타 공동체에서 단절된다. 사회가 그에게 허락한 유일한 관계는 오직 주인과의 관계뿐이다. 물론 현실의 노예 개개인에게 주인을 제외한 소속처와 공동체가 존재하지 않았던 것은 아니지만, 이런 관계들은 사회적으로 인정과 보호를 받지 못했고 언제든 강제적으로 상실될 수 있었다. 이를 저자는 '태생적 소외'라고 지칭한다. 태생적 소외를 인식하고 만들어 내는 방식으로는 '강제 편

노예들을 끌고 노예 시장으로 가는 상인들.(출처: 위키미디어)

입(intrusive)'과 '축출(extrusive)'이 제시된다.

　　나아가 이러한 태생적 소외는 명예의 상실로도 이어진다. 노예에게 애정과 존중이 주어지는 경우는 분명 적지 않았지만, 그것은 명예와 거리가 멀었다. 이는 미국 남부의 흑인 노예를 지칭하는 삼보를 두고 "삼보의 '어른스러움'을 조금이라도 암시하는 것은 남부인의 가슴을 경멸로 가득차게 했을지 모르지만, '제자리를 지키는' 아이는 화나게도 하면서 사랑스러울 수도 있었다"(189쪽)라고 기술한 데서 잘 드러난다. 노예에게 애정과 존중이 주어졌다고 한들 그것은 독립적인 인간에 대한 명예가 아니었던 것이다. 이처럼 사회적으로 죽어 버린 자가 노예다. 추상적 비유로 느껴지는 사회적 죽음은 기실 "노예가 겪은 인간적 고통과 야만화의 본질을 실제적이고 직접적인 방식으로 포착"(11쪽)한다.

　　이어서 저자는 제2부에서 노예제의 작동 구조를 시간과 공간을 넘나드는 풍부한 사례와 함께 넓게 훑어본다. 제4장과 제5장에

1882년경 커피 농장의 노예들.(출처: 위키미디어)

서는 노예화의 방식을 여덟 가지로 유형화한다. 제4장은 전투, 납치, 공물과 세금, 부채, 형벌, 아동 유기와 매매, 그리고 자신의 선택에 따른 노예화를 다룬다. 제5장에서는 출생에 따른 노예화, 즉 어떤 경우에 인간이 태어나면서 노예로 간주되었는지 살펴본다. 여기에서는 부모의 신분이 중요한데 노예가 반드시 노예와 결합하는 것만은 아니기 때문에 저자는 부모 신분의 구성에 따라 자녀의 노예 여부가 결정되는 방식을 일곱 가지로 유형화한다. 제6장에서는 주인이 노예를 취득하는 수단으로서 대외 교역과 국내 교역, 신붓값과 지참금, 그리고 화폐를 제시한다. 이 과정에서 저자의 겸손한 자찬처럼 "노예화 수단과 취득 수단의 구분"(289쪽)이 이루어진 것에 주목할 만하다.

　　제7장부터 제10장까지 노예의 사회적 처우, 노예 해방의 유형

과 방식, 결정 요인 그리고 해방된 노예(해방민)의 처우를 기술한다. 노예와 해방민의 처우에 있어서 주인 또는 전 주인과의 관계와 공동체와의 관계를 비교하며, 노예 해방에 있어서는 태생적 소외와 사회적 죽음이라는 노예제의 본질에 따라서 "논리적으로 그리고 상징적으로 노예상태로부터의 방면은 생명을 주는 것이자 창조하는 일이"(349쪽) 되는 문화적이고 의례적인 양상을 강조한다. 그러면서도 노예 해방이 정치적이고 경제적인 변화와 위기에 의해 추동되고는 했던 현실 역시 무시하지 않는다. 이처럼 노예화부터 해방에 이르는 일련의 과정을 담은 제2부의 제목이 '제도적 과정으로서의 노예제'인 것은 퍽 자연스럽다.

제1부가 노예제의 내적 본질을 깊이 탐구하고 제2부가 노예제의 제도적 구성을 넓게 종합한다면 제3부는 '최상의 노예'라고 명명된 특이한 유형의 노예 집단을 살펴보며 노예라는 개념의 경계를 더듬어 본다. 최상의 노예는 정치를 장악한 중국이나 비잔티움 제국의 궁중 환관들처럼 엘리트로서 부와 권력을 누린 노예를 지칭한다. 결과적으로 이들 역시 플랜테이션의 농업 노예나 주인에게 지근거리에서 봉사하는 가내 노예같이 노예라는 범주를 벗어나지는 못했던 것으로 드러난다. 이들은 "모두 다른 사람과의 관계에서는 아무리 강력했을지라도 주인과의 관계에서는 실제로 무력하고 완전히 주인에게 의존했다. 게다가 모든 경우에 그들은 태생적으로 소외된 사람들이었다. (……) 누구도 그 자체로 명예로운 사람은 아니었"(527쪽)고, 사회적 죽음은 높은 지위로 극복할 수 있는 것이 아니었다. 마지막 제12장에서 저자는 노예제를 '인간 기생'의 사회 질서로 규정하며 그 비참함을 규탄한다.

방대하지만 평면적인 비교

노예제의 가장 깊은 개념적 본질부터 가장 노예제가 아닌 듯한 한 계선까지 노예제의 전모를 그려내는 이 책의 서술은 세계 각지 각 시대의 노예제에 대한 저자의 방대한 문헌 조사에 근거를 둔 광범위한 비교·분석에 기초를 두고 있다. 저자는 서술 곳곳에서 제기하는 다양한 개념에 대하여 독자를 설득하기 위한 다수의 사례를 제시하는 방식으로 논의를 전개한다. 그는 "거시사회학자들이 하고 있던 것처럼 소수의 전체 사회를 살펴보는 대신, 머독이 개발한 세계 문화 표본과 대규모 노예 사회의 중첩nested 표본"(16쪽) 자료와 개별 노예제 사례들에 관한 선행 연구를 결합함으로써 사실상 접근 가능한 모든 노예제 사례를 망라한다. 지금같이 컴퓨터와 인터넷의 도움을 기대하기 어려웠을 1982년이라는 출판 시점을 고려하면 12년에 이르는 연구 기간이 오히려 짧게 느껴진다.

그럼에도 불구하고 비교·분석의 방식이 지나치게 평면적인 점은 못내 아쉽다. 저자의 서술에서 '평면화'는 세 갈래로 나타난다. 첫째는 지리적 또는 역사적으로 인접한 사회들을 그들 사이의 상호 작용을 무시하고 독립 관측치처럼 다루는 문제고, 둘째는 동일 사회 내부의 제도 변천을 하나의 단면에 포개어 버리는 문제며, 세 번째는 사회 발전과 노예제 변천의 상호 작용을 노예제의 이해에 반영하지 못하는 문제다. 저자가 2018년 판의 서문에서 언급한 바, 저자의 "비교 접근 방법을 겨냥하여 그것이 주관적인 의미, 맥락 그리고 "과거의 정교한 특수성들"을 무시하고(좋음), "아마도 덧없고 상당히 수사적인" 일반화와 진실 찾기를 지지한다(매우 나쁨)고 주장한"(21쪽) 역사학자 조셉 밀러의 비판에 나 역시 동의하는 셈이다.

하지만 이 책에는 이미 평면성을 보완할 단서가 촘촘히 흩어져 있다. 장거리 교역·도시화의 진전에 따라 노예가 위신재*에서 생산 수단으로 전환되는 양상, 선진 사회일수록 자신을 노예로 팔거나, 지참금의 형태로 노예를 획득하는 비중이 커지는 경향, 도시·상업 부문의 확대와 노예 해방률의 상관성 등이 그것이다. 요컨대 문제는 비교·분석 자체가 아니라 비교의 전략이다. 여러 노예제를 시기, 장소, 사회의 발전 수준에 따라 일차적으로 분류한 뒤 이 분류를 염두에 두고 사회가 시간에 따라 변화하는 궤적을 찾아 공시적 유형과 통시적 변천을 함께 제시했다면 노예제의 본질을 묻는 저자의 문제의식에 더 설득력 있게 답할 수 있었을 것이다.

노예는 재산인가?

저자는 '노예=재산으로서의 인간'이라는 널리 받아들여지는 인식을 비판하며 노예제를 '태생적 소외·보편적 불명예·영구적이고 폭력적인 지배'로 구성된 제도로 새로 정의한다. 이 주장의 핵심은 ⑴ 재산은 사람과 사물의 관계가 아니라 사람과 사람의 권력관계를 은폐하는 언어이며, ⑵ 역사적으로 매매·증여의 대상이 된 인간이 노예만이 아니었고, ⑶ 노예와 재산 개념 간 관계의 핵심은 '노예가 재산의 대상인 점이 아니라 재산의 주체가 될 수 없었다'는 점에 있다는 것이다. 저자는 더 나아가 대규모 노예제가 재산과 소유에 대한 법률적 개념의 창조를 견인했다고 지적한다. "보편적으로 사용되고 있는 소유권에 관한 지배적인 견해는 로마의 견해로, 물건에 대한in rem—대개 유형의 물건, 때때로 무형의 물건도— 절대권리의 집합"(73쪽)인데, 애초에 "로마인들이 재산법을 정교하게 만들게 된(즉 허구로 지어낸) 것은 그들의 대규모 노예제가 야기한

---

* 소유자의 사회적 지위를 드러내는 재화를 의미한다.

문제들 때문"(87쪽)으로, "가장 급격하게 팽창하는 부의 원천 중의 하나, 다시 말해 노예를 정의하는 일에"(90쪽) 맞춰졌다. 이에 따라 저자는 "재산의 절대개념 관점에서 정의되어야 하는 것이 노예제의 조건인 것이 아니라 오히려 고대 로마의 노예제의 관점에서 설명되어야 하는 것이 절대 재산 개념이"(92쪽)라고 선언하기에 이른다.

그런데 노예가 '재산이 아니라 사회적으로 죽임을 당한 자'라는 저자의 새로운 정의는 제1부를 벗어나며 급격히 흐릿해진다. 노예화의 주된 경로 중 하나인 자기 노예화와 관련해 "빈곤은 두말할 필요 없이 자매自賣self-sale의 주요한 이유 중 하나였으며 그것이 중국, 일본 등과 같은 몇몇 선진사회에서 때때로 노예의 주요 공급원이었"(238쪽)고, 때로는 "경제적인 이익을 위해 개인들이 자신의 친족이나 피후견인, 원치 않는 아내나, 자식을 파는 몇몇 민족이"(239쪽) 존재했다. 노예 해방에 있어서는 경제적 요인이 유의미한 설명력을 가지는 것으로 소개된다. 더불어 노예의 지배자는 내내 '주인'으로 호명된다. 즉 노예는 분명히 재산으로 인식되고 사용되었으며 저자조차도 이러한 인식에서 자유롭지 않은 것이다.

저자는 "대부분의 전 자본주의사회에서 대다수의 노예는 노동자로 전환되기 위해 노예가 되었던 것이 아니다. 그들은 심지어 주인들에게 경제적인 부담이었을 수도 있다"(194쪽)며 노예제의 정의와 본질에서 재산으로서의 성격과 경제적 기능을 축소하려고 한다. 그렇지만 노예가 노동자가 아닐 뿐만 아니라 오히려 주인에게 경제적 부담이 되기까지 하는 사회와 경제적 기능이 노예제의 핵심이 되는 사회를 구분해 고찰했어야 하는 것이 아닌지 의문이 남는다. 사회와 경제의 발전에 따라 노예제에도 전자에서 후자로의 변화가 나타났을 가능성을 생각해 볼 수 있다. 후자의 예시로는 로마 농장(라티푼디움)의 노예들, 조선시대 한국의 납공 노비 그리고

남북전쟁 당시 북군 병사로 일하며 농장 생활에서 자유를 위한 투쟁으로 나아가는 한 노예의 여정을 묘사한 12장의 그림 카드.(출처: 미국 의회도서관)

미 대륙 플랜테이션의 노예 노동자들을 제기할 수 있을 것이다. 이는 앞서 지적한 평면적 비교의 문제와도 닿아 있는 듯하다.

우리에게 남겨진 과제

고전은 완성품이 아니라 디딤돌이자 주춧돌이며 번역은 고전을 박물관에 봉인하는 것이 아니라 현재에 되살려 내는 신호탄이다. 그런 점에서 나의 비판은 앞으로 노예제를 연구하는 데 유념하면 좋을 제언에 가까울 것이다. 더불어 우리는 이 책을 들어 과거의 노예제를 설명하는 데 그치지 않고, 신안 염전의 강제 노동, 신장 위구르족 구금과 강제 노역 문제, 범세계적인 비정규직·플랫폼 노동 등 지금도 만연한 인간 지배와 착취의 현실을 함께 묻고 기록해 나가야 할 것이다. 더 이상 '사회적 죽음'이 존재하지 않는 사회를 만들어 갈 수 있다면 저자가 "역사학의 학문 외적인 가치에 완전히 몰입하여 저술"(9쪽)했다는 『노예제와 사회적 죽음』의 의의는 결코 바래지 않을 것이다. 마지막으로 경제사학자로서 이 번역서의 출간이 한국 노비제에 대한 이해에도 새로운 자극을 가져올 수 있기를 소박하게 기대해 본다. 서리북

박종령
경제사학자로서 제도에 관심을 두고 한국 경제사를 연구한다. 「한국 농지개혁에서 농지 분배 과정의 결정 요인」(2020), 「미아리 제조업의 재발견」(2024) 등의 논문을 집필했다. 현재 한국학중앙연구원에서 근무하고 있다.

📖 사회적 죽음이라는 비참한 처지 속에서 노예들에게 삶이란 무엇이었을지 조선시대 노비의 사례와 함께 고민해 보자. 저자는 호적 자료를 이용해 17세기의 노비 김수봉과 그 후손들이 노비에서 상민으로 그리고 양반으로 진입하기 위해 벌인 사회적, 경제적, 문화적 투쟁을 복원한다. 아직도 신분 상승을 공공연하게 삶과 자녀 교육의 목표로 삼는 한국 사회에도 시사점이 적지 않다.

『노비에서 양반으로, 그 머나먼 여정』
권내현 지음
역사비평사, 2014

"수봉의 후손들은 부계가족 질서와 그 문화를 수용했고, 조상에 대한 봉사와 현창에도 관심을 기울였다. 더 시간이 지나서는 족보를 갖추고 후손들 간의 친목도 공고히 했다. 이 과정에서 양반 지향 의식은 일정한 현실적 실체를 확보하기에 이르렀으나, 사회적 성장을 위한 조상들의 노력은 후손들의 기억 속에서 의식적이든 무의식적이든 간에 점차 잊혀져갔다. 이는 수봉가만이 아니라 한국의 많은 가계가 걸어온 길이기도 했다." — 책 속에서

📖 인간은 어떻게 사회적 죽음에 이르게 되는가? 자유민으로 태어나 납치되어 12년간 노예로 살다 구출된 솔로몬 노섭의 실화를 그려낸 소설을 통해 우리는 올랜도 패터슨이 담담하고 건조하게 서술한 노예의 삶을 격렬하게 느껴 볼 수 있다. 이 소설을 각색한 영화 역시 함께 감상할 만하다.

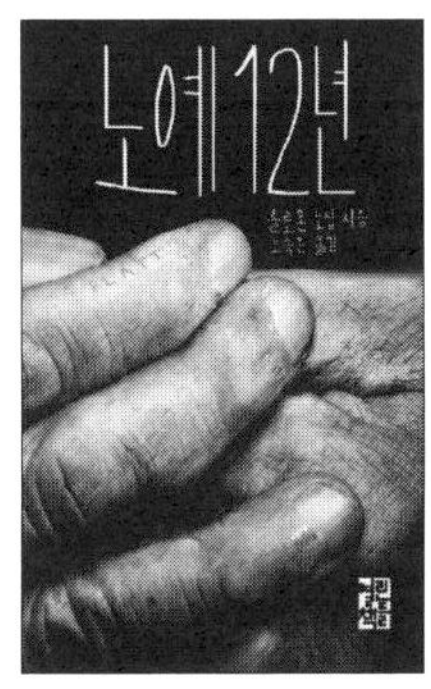

『노예 12년』
솔로몬 노섭 지음
오숙은 옮김
열린책들, 2014

"내게는 누구든 빈둥거리는 녀석이 눈에 띄면 사용하라는 지시와 함께 채찍이 주어졌다. 지시대로 하지 않으면 내 등에는 다른 채찍이 날아왔다. 여기에 더해진 내 임무는 때맞추어 교대조를 부르고 보내는 것이었다. 내게는 정기적인 휴식 시간이 전혀 없었고, 잠도 겨우 눈을 붙이는 정도밖에 잘 수 없었다." — 책 속에서

『그래픽 크리틱』
전가경 지음
안그라픽스, 2025

역사를 있게 하기

김동신

'텍스트 없음'은 한국 그래픽 디자인계에 꾸준히 제기되어 온 화두다. '텍스트' 자리를 비평, 역사, 담론, 이론, 연구, 필자 등으로 바꿔도 무방하다. 비평, 역사, 이론 등은 각각 개별적인 연구가 필요한 개념인 만큼 이 모두를 텍스트라는 한 단어로 묶어 버리는 것이 적절하지는 않겠다. 하지만 한국 그래픽 디자인계(이하 디자인계)에 몸담은 디자이너이자 한때 '텍스트 없음'에 동의했던 한 사람으로서 나는 디자인계에 통용되는 '텍스트 없음'이라는 수사가 엄밀한 학적 개념이라기보다 디자인계 사람들이 자기 분야에서 느꼈던 어떤 불만족의 다양한 표현형에 가깝다고 생각하기에 이렇게 썼다.

　나는 이 모든 문제 제기가 공통적으로 '일정 분량 이상의 읽을 만한 글'에 대한 갈증에 기반한다고 생각한다. 내용도 내용이지만 분량이 중요하다. 굳이 글이 아니라도 그래픽 디자인에 관한 비평적, 역사적, 이론적인 주제로 동료와 대화를 나눌 수 있다. 학술 대회나 포럼도 종종 열린다. SNS 기반의 관심 경제 사회가 되면서 디자인 관련 정보를 얻거나 작업물에 대한 사람들의 의견을 체감하기는 과거 그 어느 때보다 수월해졌다. 그러나 만남이 끝나면 사라지는 대화나 하트의 개수, 타임라인 뒤편으로 즉각 밀려나 버리는 글만으로는 채워지지 않는 구멍이 있는 것이다. 그 구멍 속에는 이 일을, 그 일을 하고 있는 나를, 내가 만든 작업물을, 나와 작업물이 속한 세계를 누군가가 진지한 시선으로 자세히 보고 읽고 기록해 주기를, 그럼으로써 이 모든 것이 잊히지 않고 가치 있는 것으로 남기를 바란다는 욕망이 있다. 분량은 시선에 담긴 성의의 바로미터다.

문제는 이것이 근원적인 감정일지언정 다수의 욕망은 아니라는 점이다. 정확하게 말하면 궁극적으로 불멸을 지향하는 이 헛되고 장구한 욕망을 충족할 일차적 수단으로 본인이 하는 일과 그에 대하여 타인이 쓴 글을 떠올리는 사람은 소수다. 그 욕망으로 말미암아 스스로 글을 쓰는 사람은 거기서도 일부다. 애초에 산업으로서 분야가 작은 디자인계의 상황을 생각하면 이런 종류의 욕망을 품는 사람의 수가 적은 것은 어느 정도 자연스러운 결과다. 또 하나의 원인은 텍스트가 디자인 실무 영역에서 무력하다는 점이다. 예컨대 한홍택, 한도룡, 조영제 등 이른바 한국 디자인사의 원로가 누군지 몰라도 일상적인 디자인 업무를 진행하는 데 큰 문제가 없으며, 실제로 디자이너들은 그들을 모른다. 디자인 일은 대체로 디자인계 바깥에서 온다. 이 말은 '텍스트'를 생산한다 한들 생계에 큰 영향을 끼치지 않는다는 의미다. 효과도 보장되지 않고 보수도 거의 없는 일을 위해 누가 생계 활동만으로도 빠듯한 시간을 할애하겠는가. 그렇기에 '텍스트 없음'이란 수는 적지만 세대를 이어가며 어쩐지 꾸준히 발생하고 있는, 아무튼 텍스트는 중요한 것이라고 믿는 사람들이 욕구 불만을 견디지 못하고 튀어나와서 이어 부르는 작은 돌림 노래였다.

발굴 보고서로서 한국 그래픽 디자인사
전가경은 이 현실과 정면으로 대결하는, 한국 그래픽 디자인계에서 중요한 연구자 가운데 한 사람이다. 2006년에 쓴 석사 논문 「텍스트로서의 사진과 이미지로서의 사회:《트웬 Twen》의 사진 다루기」를 시작으로 본격적인 저술가의 길을 걷기 시작한 그는 전업 연구자·비평가가 드문 북디자인과 타이포그래피 분야에서 20여 년간 꾸준히 활동해 왔다.

전가경의 연구 주제는 크게 세 가지로 나눌 수 있다. 첫째, 한국 타이포그래피와 북디자인의 과거다. 한국 최초의 북디자이너라고 불리는 정병규의 작업들과《뿌리깊은나무》,《샘이깊은물》등 잡지 디자인을 연구하고 발표하며 디자인계에 1970-1980년대의 디자인 작업들을 소개하고 그 가치를 알렸다. 둘째, '사진책'이라는 키워드로 대표되는 텍스트와 사진, 사진과 디자인의 관계다. 이는 앞서 언급한 그의 석사 논문에서 시작한 주제로 해당 논문은 이후『세계의 아트디렉터 10』(안그라픽스, 2009)이라는 확장된 저술로 이어졌다. 2012년부터는 남편이자 작업 파트너인 북디자이너 정재완과 사진책 전문 출판사인 '사월의눈'을 설립해 이론과 실천을 결합하는 활동을 전개하고 있다. 셋째는 그래픽 디자인에서의 탈식민주의와 페미니즘이다. 2010년대 후반부터 두드러지는 이 주제에 대한 관심은 2009년 정재완이 영남대학교 시각디자인학과 교수가 되면서 대구로 이주하게 된 일과 2015년 페미니즘 리부트가 결정적 계기였다. 이 세 가지 주제들은 분리되지 않고 서로서로 양분이 되어 주며 지금 여기 디자인계에 대한 현장 비평의 동력이 된다. 이와 함께 전가경은 세 가지 주제를 바탕으로 교육, 출판, 전시 등을 기획해 새로운 디자인과 텍스트 생산을 북돋고 비평적 의견을 교환할 수 있는 판을 직접 만들고 있기도 하다.

『그래픽 크리틱』은 이러한 연구 활동을 집대성한 책이다. 「'부재하는 아카이브'와 '임시 아카이브' 사이에서: 한국 현대 그

《샘이깊은물》 창간호(1984년 11월)에 수록된 샘물체 설명.(자료 제공: 안그라픽스)

래픽 디자인사 서술의 문제」라는 제목의 서문에서 저자는 이 책의 집필 목적을 다음같이 말한다.

『그래픽 크리틱: 1970년대 이후 한글 타이포그래피와 출판 그리고 행동주의』는 (……) 국내 그래픽 디자인에 특화된 독립된 단행본이 없다는 공적 차원에서의 문제의식 그리고 타의와 자의에 의해 지난 16년간 써왔던 그래픽 디자인과 관련된 글들을 갈무리해 보겠다는 동기가 연구의 시발점이 되었다.

(……)

책『그래픽 크리틱』이 던지는 큰 질문이 있다. 한국의 그래픽 디자인은 과연 무엇인가. 이 질문이 궁극에 향하는 곳은 21세기 그래픽 디자인의 역할과 전 지구화된 환경 속 한국 그래픽 디자인의 자리이다. 오늘날 한국의 그래픽 디자인은 상향평준화되었을 뿐만 아니라, 1990년대 이후 출생한 인터넷 세대의 부상으로 그 시각 언어가 전 세계적 범용성과 호환성을 띠고 있다. 이 과정에서 한국 그래픽 디자인에 대한 외부의 관심도 커졌으나 한국 그래픽 디자인에 대한 포괄적인 논의뿐만 아니라 관련 단행본이 부재하다는 것은 한국 그래픽 디자인계가 떠안을 수밖에 없는 명백한 한계이자 취약함이다. 파편화된 개인 활동과 성과들은 존재했지만, 이에 대한 비평적 관점이나 이를 특정 타임라인에 배치해 조망하거나 재해석하는 기회는 극히 드물었다.

이같은 관망기와 별개로 박사 학위 논문을 준비하며 맞닥뜨리게 된 한국 그래픽 디자인계의 척박한 연구 풍토는 역으로 한국 그래픽의 과거에 시선을 돌리도록 했다. (……) 이후 한국의 세련된 동시대 그래픽 디자인과 종종 부유물처럼 떠도는 과거의 그래픽 조각들을 저울질하는 습관을 갖게 되었다. '한글 타이포그래피'와 '출판' 그리고 '행동주의'는 이 과정에서 도출한, 한국 그래픽 디자인의 과거와 현재에 접속하려는 내 나름의 열쇳말이다.(5-6쪽)

'텍스트 없음'이라는 말을 생각할 때 주의할 점은 이것이 문자 그대로 텍스트가 전무하다는 뜻이 아니라는 점이다. 앞서 텍스트에 대해서 '일정 분량 이상의 읽을 만한 글'이라고 모호하게 정의할 수밖에 없었던 것도 사람마다 '있다'라고 인정하는 글의 양과 질의 기준이 다르기 때문이다. 『그래픽 크리틱』은 기준이 상당히 높은 경우다. 이 책에서 말하는 텍스트란 선행 연구들을 비판적으로 검토해 책 한 권 분량으로 써낸 글이다. 분량이 충분하더라도 소수의 디자이너나 지나치게 좁은 기간을 다루어서는 안 된다(당장 떠오르는 한국 그래픽 디자인을 주제로 하는 몇몇 단행본들이 '없음'으로 처리된 것은 이 때문인 듯하다). 그리고 그 글은 '한국 그래픽 디자인이란 무엇인가'라는 질문에 답할 수 있어야 한다. 저자는 이 책이 당장에 그러한 목적을 성취하지는 못했음을 겸허하게 밝히지만, 그 지향점에 있는 것은 이제껏 존재한 적 없던 크고 튼튼한 한국 그래픽 디자인사라는 서사의 구축이다.

큰 건물을 지으려면 많은 자재가 필요하다. 연구자로서 저자가 지닌 성실함과 열정이 빛을 발하는 것이 이 부분이다. "한국 디자인사에서 시급한 과제는 어떤 식으로든 묻혀 있는 원자재들을 양지로 파내는 것"(13쪽)이라고 말하는 저자는 자신을 '고고학자'로 비유하며 고된 역할을 기꺼이 짊어진다. 16년간의 저술 작업을 통해 성실히 쌓아 온 자료가 만든 토대 위에서 이필동 컬렉션 같은 아카이브의 호수에 직접 뛰어들어 실재의 조각들을 사료로 가공해 낸다. 1부에서 특히 돋보이는 적지 않은 각주들은 그가 과거를 바라보는 동시에 동시대 동료들의 연구 결과도 열심히 읽고 소화하고 있음을 보여 준다. 자료를 탐색하고 접근해서 발굴해 내는 뛰어난 능력은 『그래픽 크리틱』 이전의 저술부터 드러나 있었다. 잠시 기자 생활을 하기도 했던 저자는 필요하다면 국경을 넘어가서 인터뷰하기도 했는데, 이 같은 활동에는 (그가 여러 글에서 반복해서 언급하는 코어 메모리인) 유럽에서 보낸 청소년기의 경험*이 장점으로 작용

---

* "돌이켜보면 지금의 저를 형성한 큰 부분이 당시 예민했던 청소년기의 경험담이라고 해도 과언이 아니에요. 세 살 때부터 열여덟 살이 되던 해까지 10년은 유럽에서, 나머지는 한국에서 우왕좌왕하며 살다가 93년도가 돼서야 고3 신분으로 한국에 정착하게 됐고, 오자마자 입시 지옥을 통과하지도 않은 채 특례로 나름 한국 사회가 선망하는 여대 한 곳에 입학했죠. 주변 또래들의 시기와 질투의 대상이 될 수밖에 없었어요. (……) 하지만 그들을 탓하진 못했어요. 그 시기와 질투는 제도가 만들어놨던 시선이라는 걸 알았으니까요." 6699press 편집부 엮음, 「전가경, 이정혜: 미대 졸업생의 78%가 주부, 시스

했다. 독일어와 영어 등 제일세계 언어에 능통한 저자는 요스트 호 훌리나 리처드 홀리스 등 유럽의 저명한 디자이너들과 직접 소통하며 그들의 작업과 철학을 한국 디자인계에 소개할 수 있었다.

저자가 발굴해 내는 자료의 생생한 현장성은 그가 고고학자인 동시에 발굴 현장의 일부이기 때문이기도 하다. 전가경의 생애 궤적은 이 책에서 다루는 연구 대상들과 상당 부분 겹친다. 2부 1장과 2부 2장에 등장하는 안상수와 정병규는 연구자 전가경의 지금을 있게 한 스승들이다. 원래 북디자이너를 지망했던 저자는 정병규의 북디자인 강의를 통해 디자인 세계에 입문했으며, 석사 논문 주제였던 《트웬 Twen》 연구 역시 정병규가 제안한 것일 만큼 저자의 연구 세계에 정병규가 미친 영향은 지대하다. 그 논문의 지도교수였던 안상수는 저자의 저술가로서의 재능을 알아보고 책을 써볼 것을 권유해 저자가 북디자이너에서 저술가로 진로를 바꾸는 계기를 제공했다.* 이 두 인물, 그중에서도 특히 정병규가 한국 그래픽 디자인계의 중요한 인물로서 오늘날의 인지도를 갖게 된 데에는 전가경의 연구와 저술이 적지 않은 역할을 했다. 한편 2부 2장의 주제는 민음사 미술부다. 정병규를 시초로 함은 물론이고 동반자 정재완이 재직했던 조직이기 때문에 가까운 거리에서 변화를 지켜봤을 것이다. 3부 1장에서 주요하게 다루는 AGI 소사이어티는 저자가 출판팀장으로 근무했던 직장이며, 3부 4장의 주인공인 페미니스트 디자이너 소셜 클럽(Feminist Designer Social Club, 이하 FDSC)에서는 결성 초창기부터 멤버로 활동하고 있다.

이처럼 저자는 한국 그래픽 디자인계의 일부 영역에서 일어

터후드의 필요를 고민하다」, 『한국, 여성, 그래픽 디자이너 11』(6699press, 2016), 82쪽.
* whatreallymatters 엮음, 「토크 2. "해진 구멍", 참고문헌」, 『디자인 책—이 책, 그 책, 저 책』(whatreallymatters, 2023), 197쪽 참조.

났던 수많은 사건을 당사자로서 겪었다. 3부 1장 AGI 소사이어티의 대표 두 사람과 나눈 대화 중 2007년에 발간된 책 『상상, 행동 vol.1』(고래뱃속, 2007)을 두고 한 말은 고고학자이자 발굴 대상이라는 이중 정체성에서 비롯하는 저자의 감정을 잘 보여 준다. 『상상, 행동 vol.1』은 같은 해에 열린 AGI 소사이어티의 행보를 결산하는 전시 《상상, 행동》에 맞춰 발간된 책으로서, 해당 전시는 단 5일 동안 열렸을 뿐이지만 SNS 홍보도 없던 시절에 상당한 인파가 몰렸다고 한다. 저자는 이 전시가 책 『상상, 행동 vol.1』이 아니었으면 기억되지 못했을 것이라며 다음같이 말한다.

> 결국 책이 남는다. 이게 없었으면 한국 시각 디자인 역사의 한 단락이 누락되었을 것 같다는 생각이 들었다.(427쪽)

내가 서 있는 이곳이 디자인 역사의 한가운데라는 강한 자의식. 눈앞에 있는 그토록 중요한 것들이 시간 속에서 소실되어 간다는 안타까움. 이 망각을 거스르려는 사람이 자신밖에 없다는 외로움과 사명감. 『그래픽 크리틱』을 구축하는 사료의 벽돌들 틈에는 이러한 감정의 줄눈이 있다.

완전하고 무해한 역사 쓰기라는 난제

잔잔하게 유지되던 디자인계의 '텍스트 없음'을 둘러싼 지형은 2015년을 기점으로 크게 흔들린다. 페미니즘 리부트의 물결이 디자인계만 비껴갈 리 없었기 때문이다. 이때를 기점으로 디자인사에는 왜 남성 디자이너밖에 없는지 기록에서 누락된 여성 디자이너들은 어디로 갔는지 등의 질문이 폭발적으로 제기되며 과거 그 어느 때보다 텍스트의 중요성에 대한 넓은 공감대가 생겨났다. 기록의 중요성과 더불어 강조된 것이 기록의 정치성이다. 학교 디자인사 시간에 배웠던 백인 남성 디자이너 영웅들의 연대기가 복무하고 강화하는 이데올로기는 무엇인지 텍스트를 생산할 수 있는 주체의 위치와 권력은 어디서 나오는지 따져 묻는 목소리가 커졌다. 그러면서 이제까지 '없었던' 역사가 갑자기 현재의 불평등을 만들어 낸 강력한 힘으로 떠오르는 기이한 상태가 벌어졌다. '매끈한', '깔끔한', '납작한', '지저분한' 등의 형용사가 디자이너의 어휘 사전에 등재된 것도 이때부터다. 이제껏 평온하던 '텍스트 없음' 돌림 노래 동아리 역시 페미니즘의 맹공 앞에서 자기 자신과 텍스트를 이 새로운 맥락 안에 다시 위치시켜야 하는 과제에 직면한다.

　　전가경은 이 시대적 과제를 무겁게 받아들였다. 2023년에 열린 한 강연에서 첫 저서 『세계의 아트디렉터 10』을 두고 "낡은 책"(『디자인 책─이 책, 그 책, 저 책』, 175쪽)이 되었다고 말한 것은 이때 했던 고민의 깊이를 짐작게 한다. 민감한 역사적 자의식을 갖춘 지식인으로서, 그래픽 디자인사를 쓰기 위해 그때까지 매진해 온 노력이 의도한 바는 아니었을지언정 결과적으로 동서양 아버지들의 착한 딸로서 남성 디자이너들의 매끈하고 깔끔한 영웅 서사를 만드는 데 일조한 것은 아닌지 돌아봐야 했을 것이다. 성찰은 이후 두 방향의 실천으로 이어졌다. 첫 번째는 자신의 장점인 고고학자로서의 능력을 디자인사에서 잊힌 여성들을 발굴하는 데에 사용하는 것이었다. 두 번째는 FDSC를 기반으로 하는 페미니스트로서의 현실 참여 활동이었다. 저자는 저술가로서 능력을 활용해 FDSC 활동에 이론의 언어를 제공하고 다양한 지면에 단체를 알리는 역할을 하고 있다.

　　『그래픽 크리틱』에는 이 같은 페미니즘 리부트 이전과 이후의 연구가 공존한다. 문제는 그 공존이 상당히 위태롭다는 점이다.

책 곳곳에서 페미니즘과 탈식민주의적 언어들이 보이지만 결국 사료들을 해석하고 의미화하는 저자의 역사관은 목적론적이다. 저자는 한국 그래픽 디자인사라는 본질을 상정하고 수많은 자료와 인물을 이 본질을 향해 나아가는 인과적 관계, 전체를 구성하는 개별 요소로 엮는다. 거대 서사를 향한 강한 지향은 연구 대상에 필요 이상으로 거대한 의미를 부여하는 행동의 반복으로 나타난다.

2부 2장 「오래된 젊음: 민음사의 북디자인 1966~2020」은 이러한 면을 잘 보여 주는 장이다. 민음사의 북디자인은 탄생 시점과 계보를 확정하는 것이 가능한 한국 출판 문화에서 보기 드문 조직이다. 저자는 민음사 북디자인의 역사를 '북디자인 개념의 도입과 정착(1977-1989)', '미술부 설립(1989-1995)', '미술부의 독립(1995-2002)', '임프린트 중심의 개인 플레이 체제(2002-)'로 나눈다. 임프린트 개인 플레이 체제는 다시 '미술부 과도기(2002-2014)'와 과도기의 혼란을 극복한 현재까지의 시기로 나눈다. '북디자인 개념의 도입과 정착'기가 박맹호와 정병규라는 영웅적 인물들이 주도한 "산업 및 광고 중심의 디자인 인식에서 문화 생산으로서 디자인의 가치와 의미를 발견하게 하는 능동적 발걸음"(313쪽)이었다면, '미술부 설립'기는 정병규에 이은 2대 민음사 디자이너인 박상순이 정병규의 모던한 디자인에 반하는 자유롭고 유연한, 포스트모더니즘이라는 "시대와 호흡하는"(317쪽) 디자인을 선보인 시기였다. 카리스마적 아트디렉터가 총괄하던 앞선 시기와 달리 '미술부 과도기'는 의미를 뚜렷하게 알기 힘든 민음사다움이라는 본질이 흐려진 시기로 평가한다. 2014년 이후는 과도기를 극복하고 "국내 북디자인의 산실"(323쪽)이라는 지위를 회복했다고 한다. 그 근거로 제시하는 것은 그 근래에 생산된 주요한 책들의 표지 디자인에 대한 묘사다. 그러나 저마다 개성적인 매력을 가진 표지들이 어떻게 민음사

1990년대 박상순이 디자인한 민음사 책 일부.『보르헤스 전집』(1984),『화엄경』(1991),
『세계시인선: 악의 꽃』(1994).(자료 제공: 안그라픽스)

다움이라는 본질로 엮이는지, 또한 민음사 책 디자인이 우수한 것
이 북디자인 수준이 상향 평준화된 요즘 출판계에서 어떻게 민음
사에 '산실'이라는 특권적 위치를 부여하는 근거가 되는지에 대해
서는 명확하게 설명하지 않는다.

　또 다른 문제는 사회적 관계로서 계급성에 대한 인식 부족이
다. 이 책에 등장하는 거의 모든 연구 대상은 권력에 의해 배제되
고 주변화된 소수자로 규정된다. 예컨대 정병규가 가담했던 출판
문화 운동은 1970-1980년대 국가 주도 기업 중심 디자인 담론에
맞서는 소수자의 것이었고, 전시 도록은 "미술계 가장자리에 있었
을 뿐만 아니라 출판 문화사에서도 누락된 이중적 소외 대상"(367쪽)
이라는 식이다. 그런데 이들이 오로지 약자이기만 했다고 할 수 있

을까. 정병규와 그 동료들은 엘리트로서 시대의 문화를 이끈 주류이기도 하지 않던가? 전시 도록의 특수한 위치가 출판 문화사에서 소외당한 것이라고 보기에는 순수 예술이라는 고급문화에 일부로서 오히려 분리를 자처하는 측면도 있다고 볼 수 있지 않을까?

2부 4장 「그래픽 디자인의 하부 구조」는 이러한 세계 인식이 다른 방식으로 노출되는 부분이다. 이 장에서는 1960년대부터 1990년대까지 신문, 잡지에서 발췌한 인쇄 업계의 노동 현실을 보여 주는 기사들을 나열한다. 납에 중독되고 인쇄기에 팔이 절단되며 급기야 생활고로 자살에 이르렀던 인쇄 노동자들이 겪은 참담한 사건들을 언급한다. 이 사건들이 그래픽 디자인사의 일부로서 호출된 것은 깨끗한 환경에서 모니터 위의 디자인 "차력쇼"(375쪽)에만 몰두하며 인쇄소를 '을'로 부리는 디자이너들로 하여금 "매끄러운 세계의 이면에 작동하는 소음과 땀, 질병과 냄새를 감각"(374쪽)하게 하기 위해서다. 이 장은 500쪽이 넘는 두꺼운 책에서 가장 짧은 파트지만 가장 읽기 힘든 장이었다. 별다른 연구 없이 계몽의 수단으로써 불려 나온 수많은 산재 사건, 그러한 인용을 가능케 하는 공업 노동자에 대한 절대적 타자화와 시혜적 시선에서 좌파 부르주아 엘리트의 한계가 보이는 듯하다. 저자가 기본으로 상정하는, 인쇄소에 '갑'으로 군림하며 예술적 작업을 하는 디자이너는 적어도 내가 아는 디자인 노동자들과는 속한 세계가 다른 인물이다.

책에서 지속적으로 나타나는 약자화 강박은 페미니즘 리부트가 저자에게 던진 난제, 즉 '여성이 없는' 디자인사 연구 결과들을 어떻게 남성 중심의 매끈한 영웅 서사라는 막다른 길로 빠져들게 하지 않으면서 한국 그래픽 디자인사를 구축할 것인가라는 문제를 돌파하려다가 생겨난 부작용으로도 읽힌다. 남성의 이야기지만 그들의 약자성을 강조함으로써 발언의 정당성을 확보하려는

외부와 연계된 FDSC의 활동. 한 글자 피켓(2025년 1월 25일).(사진 촬영: 수수)

것이다. 하지만 그들이 지닌 또 다른 사회적 측면과 권력에 대해서는 말하지 않기 때문에 주장의 설득력이 약해진다. 연구의 역할이 반드시 약자 조명이기만 할 필요는 없다. 무결함에 대한 부담감을 조금은 내려놓아도 괜찮지 않을까.

결말 부분에 해당하는 「해방의 그래픽 디자인: FDSC」는 가장 아쉽게 읽은 장이다. 2015년 이후 디자인계에서 일어난 페미니즘 운동을 기록하고 이를 디자인사의 중요한 사건으로 의미화하는 것은 필요한 작업이다. 그러나 FDSC에서 만든 디자인의 가치를 조명하기 위해 FDSC 이외의 전부를 모더니즘이라는 여집합으로 묶어서 논의의 틀을 거칠게 단순화하거나, 세부적 활동마다 거대한 의미를 장식처럼 붙여 주는 것은 지식인으로서 진실하지 못하고 이데올로그로서도 영리하지 못한 처사다. 사람들은 주례사 비평에 잘 설득되지 않는다. 『그래픽 크리틱』이라는 큰 텍스트의 구조물을 지어 올린 저자에게 제목에 걸맞은 언어로 소속 집단의 가치를 논평해 주길 바라는 것이 무리한 요구는 아니라고 생각한다.

낱낱의 글이 만드는 역사

이제까지 말한 이 책에 대한 몇 가지 비판점들은 저자의 역사관에서 비롯한다. 사실 대문자 역사의 구축을 목적으로 하는 이상 누구든 언제까지나 실패할 수밖에 없다. 역사가 탄생한다 한들 그것은 아주 먼 미래일 테니 말이다. 그럴 바에야 차라리 역사관의 재고를 고려해 봐도 좋겠지만, 그럼에도 불구하고 소중한 유산들을 현재의 인과적 기원으로 정식화하고 싶다면 그것의 중요성을 역설함과 동시에 그것이 왜 공통의 기억으로서 역사가 되는 데 실패했는지 현재와 과거를 내적으로 이어 주는 이야기가 필요할 것이다. 외부에 의해 소외되어 부당하게 조명받지 못한 약자이기 때문이라는 서사만으로는 오늘날 디자인계와 역사적 대상 사이에 존재하는 깊은 단절을 메울 수 없다.

　그러나 지금까지 많은 글을 써 왔고 분명 앞으로 쓰고 싶은 것도 많을 저자에게 새로운 짐을 얹고 싶지 않다. 나는 한국 그래픽 디자인사는 저자가 제대로 된 역사라고 볼 수 없는 파편이라고 불렀던 그 낱낱의 짧고 연약한 글들이 쓰이고, 쓰인 글이 읽혀서 다시 새로운 글의 작성으로 이어지는 순간마다 존재한다고 생각한다. 나에게 '매끈한 역사'의 반대말은 이런 의미다. 텍스트는 없던 적이 없다. 『그래픽 크리틱』은 그러한 '텍스트 있음'을 무엇보다 잘 증명하는 책이다. 서리북

김동신

그래픽 디자이너. 출판사 돌베개에서 디자인팀 팀장으로 일했고 2020년부터 디자인 스튜디오 '동신사'를 운영하고 있다. 공저로 『하필 책이 좋아서』, 『Designed Matter』, 『작업의 방식』 등이 있다.

📖 오늘날 그래픽 디자이너들에게 작가로서 전시를 하는 것은 그렇게 낯선 일이 아니다. 『누가 화이트 큐브를 두려워하랴』는 2000년대 중반 이후 늘어나기 시작한 한국 그래픽 디자인 전시의 성격을 살펴볼 수 있는 비평서다.

"이 책은 '그래픽 디자인을 어떻게 전시할 것인가' 하는 기본 질문에서 출발한다. 각 장은 우리가 관심을 두는 개념과 접근법을 다루지만, 그런 주제를 추상적으로 논하기보다는 구체적인 전시 사례들을 통해 살펴본다." — 책 속에서

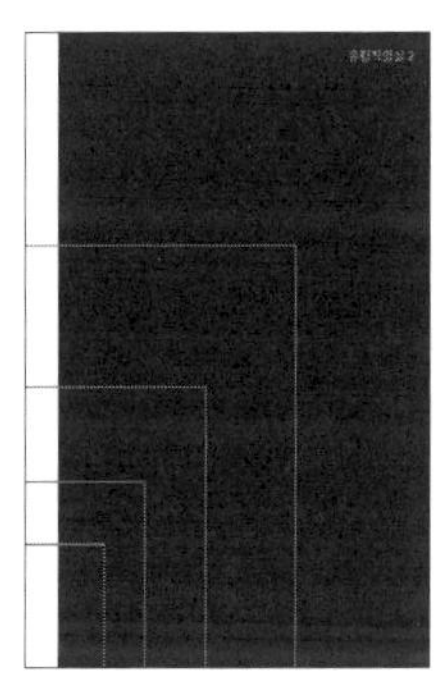

『누가 화이트 큐브를 두려워하랴: 그래픽 디자인을 전시하는 전략들』
최성민·최슬기 지음
워크룸 프레스, 2022

📖 영국의 디자인 비평가 릭 포이너가 쓴 포스트모더니즘 그래픽 디자인 비평서. 저자는 기원, 해체, 전유, 테크노, 저자성, 대립이라는 여섯 개의 키워드로 1980년대와 1990년대 그래픽 디자인계에서 나타나는 포스트모더니즘적 성격을 비평한다.

"그래픽 디자인이야말로 포스트모더니즘의 징후를 가장 대중적이고도 수월하게 나타내는 매체일 수 있음을 단언하겠다. 지난 15년간 그래픽 디자이너들은 시각예술의 범주에서 가장 도전적이랄 수 있는 포스트모더니즘의 전례들을 마련해 왔다." — 책 속에서

『No More Rules: 디자인의 모험』
릭 포이너 지음
민수홍 옮김
홍디자인, 2012

고전의 강

서울
리뷰 오브
북스

존재양식의 탐구

ENQUÊTE SUR LES MODES D'EXISTENCE

근대인의 인류학

une anthropologie des Modernes

브뤼노 라투르

황장진 옮김

『존재양식의 탐구: 근대인의 인류학』
브뤼노 라투르 지음, 황장진 옮김
사월의책, 2023

아슬아슬한 존재들이
함께 만드는 세상(1): 전사(前史)*

홍성욱

2010년, 과학기술학(Science and Technology Studies, 이하 STS)의 대표 학술지인 《*Social Studies of Science*》에 브뤼노 라투르의 도발적인 글 한 편이 실렸다. 「철학자로 커밍아웃하기」.** 당시 이 글을 진지하게 읽은 연구자는 그리 많지 않았다. 한 STS 학회 자리에서 동료들과 그 이야기를 나눈 기억이 있다. 누군가는 이렇게 말했다. "프랑스에서는 철학자만 대접받잖아요. 그래서 라투르가 스스로 철학자라고 한 거겠죠." 그 말에는 반쯤 농담과 반쯤 냉소가 섞여 있었다.

그리고 3년 뒤, 라투르는 『존재양식의 탐구(*An Inquiry into the Mode of Existence*)』(2013)를 세상에 내놓았다.*** 얼핏 보면 전통적인 철학

---

* 이번 서평에서는 제목 그대로 『존재양식의 탐구』의 전사(prehistory)를 다룬다. 지적 배경의 역사를 길게 다루는 이유는 이를 충분히 이해해야 『존재양식의 탐구』에 등장하는 여러 급진적인 주장을 제대로 평가할 수 있기 때문이다. 책에 대한 본격적인 분석과 평가는 다음 서평에서 다룰 것이다.

** Bruno Latour, "Coming Out as a Philosopher", *Social Studies of Science* 40(4), 2010, pp. 599-608.

*** Bruno Latour, *An Inquiry into Modes of Existence: An Anthropology of the Moderns*, C. Porter, Trans.(Cambridge, MA: Harvard University Press, 2013)[브뤼노 라투르, 황장진 옮김, 『존재양식의 탐구』(사월의책, 2023)].

2019년 무렵의 브뤼노 라투르.(출처: 위키백과)

의 문법 안에서, 존재론과 형이상학의 경계 어딘가에 놓인 책처럼 보였다. 난해했고, 무엇보다 그가 걸어온 학문적 궤적 위에 이 책을 자연스럽게 올려놓기가 어려웠다. 라투르는 STS의 선구자이자 인문학과 사회과학 전반에 커다란 충격파를 남긴 행위자 네트워크 이론(Actor-Network Theory, 이하 ANT)의 창시자 중 한 사람이었다. 『존재양식의 탐구』에 앞서 그는 ANT의 관점에서 기존 사회학을 급진적으로 재구성해야 한다고 주장한 『사회적인 것을 재조립하기(*Reassembling the Social*)』(2005)를 막 발표한 참이었다. 후속 저서는 이를 확장한 무엇일 줄 알았다.

그런데 갑자기 '존재'라니? '존재 양식'이라니? 언제부터 라투르는 철학자가 된 것일까?

이 마지막 물음의 답은 이 책의 난해한 논리를 따라가면서 서서히 모습을 드러냈다. 라투르는 사실 처음부터 철학자였다. 그의 박사 학위가 신학과 철학에 관한 것이었다는 사실이 뒤늦게 알려졌고, 초기에 주목받지 못했던 여러 글에서 이미 존재의 다양한 양식을 사유하던 흔적이 보였다. 그렇게 하나둘씩 퍼즐이 맞춰지자 ANT의 연장선이 아니라 ANT와는 많이 다른 사유, 바로 『존재양식의 탐구』가 조금씩 이해되기 시작했다.

ANT와 과학기술학

ANT의 핵심은 무엇일까? 라투르는 그것을 인간과 비인간을 대칭적으로 바라보는 시선, 곧 '비인간의 행위성(nonhuman agency)'을 받아들이는 데서 찾는다. 우리는 대상을 만들지만, 우리가 만든 대상이 곧 우리의 손아귀를 벗어나 우리를 바꾸어 버린다. 인간과 사물은 서로의 원인이자 결과가 된다. 인간의 손을 거쳐 간 모든 사물은 준객체(quasi-object)가 되고, 그와 얽힌 우리 또한 준주체(quasi-subject)다.

이렇게 보면 자연과 사회라는 단단한 이분법에 균열을 낼 수 있다. 인간이 만들어 낸 CO_2의 영향을 피해 갈 수 있는 자연이 거의 없듯, 인간 사회에는 이미 자연에서 온 비인간들이 가득하다. 우한 인근에서 박쥐, 천산갑을 거쳐 인간에게 전염된 코로나바이러스가 우리 세계를 어떻게 뒤흔들었는지 떠올려 보라. 우리의 손과 몸은 도구를 다루며 변화해 왔고, 지금 이 순간에도 30조 개의 세포와 30조 개의 박테리아 그리고 살아 있는지 죽었는지조차 애매한 수조 개의 바이러스가 함께 우리를 만들고 있다. 우리는 언제나 비인간과 더불어 그들 속에서, 그들과 함께 살아왔다.

이 비인간들과 어떻게 공존할까? 테크노사이언스란 비인간을 인간에게 의미 있는 존재로 바꾸는 과정이며, 그 변형이 가장

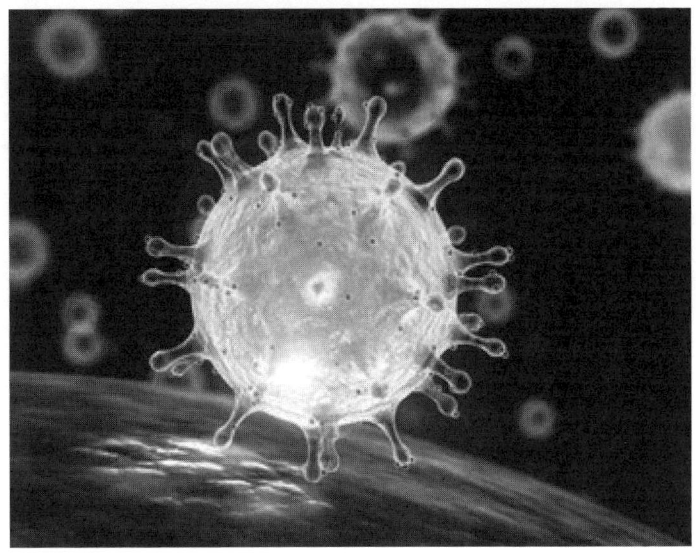

코로나바이러스. 우리는 언제나 비인간과 함께 혹은 그 속에서 살아간다. (출처: flickr)

격렬하게 일어나는 공간이 바로 실험실이다. 과학자는 실험실에서 비인간과 힘겨루기를 벌이고, 콜레라균에서 콜레라 백신을 만들 듯이 그들이 가진 힘을 빌리면서도 비인간을 인간이 다룰 수 있는 존재로 길들인다. 이렇게 길든 비인간은 실험실 밖 사회로 나와 다른 이들의 손에 쥐어진다. 정치인과 관료, 법률가는 이 새로운 비인간을 적절히 사용할 수 있는 법과 기준을 세우고, 사람들은 그 기준을 따르며 비인간과 관계를 맺는다. 그 과정에서, 비인간을 길들인 과학자와 그의 실험실은 더욱 강력한 힘을 갖는다. 이런 의미에서 "과학은 다른 수단을 통해 수행되는 정치"가 된다.*

---

* Bruno Latour, "Give Me a Laboratory and I Will Raise the World", In K. Knorr-Cetina & M. Mulkay(Eds.), *Science Observed: Perspectives on the Social Study of*

　　백신 같은 비인간이 사회로 도입되면, 서로 다른 지향을 갖고 살던 농민, 세균학자, 보건학자, 군인, 정치인, 시민이 어느새 같은 목표를 바라보게 된다. ANT가 '번역(translation)'이라 부르는 과정이다. 서로 다른 목표를 가졌던 행위자들이 하나의 목표로 정렬되는 것. 이는 새로운 네트워크가 구성되는 과정이다. 그러나 그 길은 순탄치 않다. 먼저 해결해야 할 문제를 명확히 해야 하고(1), 그 과정에서 모든 행위자가 반드시 지나야 하는 '의무 통과점(obligatory passage point, OPP)'을 세워야 한다. 그리고 다른 네트워크와 맞물린 행위자들을 떼어 내 자신의 네트워크로 끌어들여야 한다(2). 그런 뒤에 다양한 노력을 기울여 네트워크를 안정시켜서 행위자들이 자신의 역할을 받아들이게 하며(3), 소수가 다수를 대변하는 체계를 구축한다(4). 라투르의 동료이자 ANT의 공동 창시자 미셸 칼롱이 정리한 번역 과정의 네 단계다.*

　　이렇게 만들어진 인간-비인간의 네트워크는 더 멀리 확장할 수 있다. 이를 가능하게 하는 것이 '불변의 이동자(immutable mobile)'다. 지식과 기술을 멀리까지, 그리고 같은 방식으로 전달할 수 있는 존재들이다. 지도, 원근법, 설계도, 표, 논문, 인쇄된 그림 그리고 오늘날의 엑셀 파일과 PDF가 그 예들이다. 불변의 이동자를 어디서나 같은 방식으로 이해하고 사용하려면 표준화해야 한다. 이 지적·물질적 표준을 다듬고 유지하는 곳이 '계산의 중심(center of

---

Science(London: Sage, 1983), pp. 141-170; *Pasteurization of France*(Cambridge MA: Harvard University Press, 1988)[브뤼노 라투르, 이상원 옮김, 『프랑스의 파스퇴르화』(한울, 2024)].

* Michel Callon, "Some elements of a sociology of translation: Domestication of the scallops and the fishermen of St. Brieuc Bay", *The Sociological Review* 32, 1984, pp. 196-233. 이 글은 홍성욱 편, 『인간, 사물, 동맹』(이음, 2010), 3장 "번역의 사회학의 몇 가지 요소들: 가리비와 뱅브리외 만(灣)의 어부들 길들이기"(57-94쪽)로 번역되어 있다.

calculation)’이다.*

　　제국과 식민지를 보자. 이 두 영역은 인간-비인간의 네트워크로 긴밀히 연결되어 불변의 이동자들이 이들 사이를 끊임없이 오갔지만, 계산의 중심은 늘 제국에 있었다. 누가 계산의 중심을 차지하는지가 힘의 차이, 권력의 차이를 낳는다. 그래서 ANT는 종종 마키아벨리적인 힘의 이론으로 오해되고는 한다. 하지만 라투르와 칼롱의 요지는 분명했다. 힘의 원천을 정확히 이해해야만 그것을 더 많은 사람(그들의 말을 빌리면 ‘the People’)에게 돌려줄 수 있는 것이다.**

　　비인간의 힘을 잘 활용한 집단은 근대 서구였다. 그렇지만 서구가 스스로 규정한 근대성에는 비인간이 빠져 있었다. 서구인은 자연과 사회의 경계를 만들고 정당화함으로써 ‘자신들’을 계몽된 근대인으로 설정했다. 반면 자연과 사회가 뒤엉켜 있는 비서구의 ‘그들’은 비근대인이라고 간주됐다. 자연/사회의 경계는 결국 서구인과 타자를 가르는 또 하나의 ‘대분기(Great Divide)’로 작동했다. 그런데 미생물, 기계, 데이터, 장치처럼 인간이 만들고 길들인 비인간들에 주목하면, 자연과 사회의 경계를 넘나드는 잡종적 네트워크가 모습을 드러낸다. 그리고 이 네트워크를 주시할 때 비로소 우리가 자연과 사회라고 부르는 두 영역의 경계가 얼마나 허술한 것인지 알게 된다. 자연과 사회의 구분이 무너질 때 우리와 그들의 차이 역시 함께 사라진다. 근대 내내 우리 역시 자연과 사회가 얽

---

* Bruno Latour, “Visualization and Cognition: Thinking with Eyes and Hands”, *Knowledge and Society: Studies in the Sociology of Culture Past & Present* 6, 1986, pp. 1-40.
** Michel Callon and Bruno Latour, “Unscrewing the Big Leviathan: How Actors Macro-Structure Reality and How Sociologists Help Them to Do So”, In K. Knorr-Cetina & A. V. Cicourel(Eds.), *Advances in Social Theory and Methodology: Toward an Integration of Micro- and Macro-Sociologies*(London: Routledge & Kegan Paul, 1981), pp. 277-303.

지구온난화의 주범으로 지목되는 이산화탄소 배출 현장. ANT는 과학이 '묘사하는' 세계가 아니라 테크노사이언스가 '만들어 내는' 세계에 주목한다.
(출처: earthisland)

힌 세상에서 살았으니까. 이 깨달음이 "우리는 결코 근대인이었던 적이 없다(We have never been modern)"는 선언이다.*

　ANT는 과학이 '묘사하는' 세계가 아니라 테크노사이언스가 '만들어 내는' 세계에 주목한다. 인식론보다 존재론에 방점을 찍는 것이다. 그렇게 만들어진 존재들 가운데는 '우려물(matter of concern)' 이 많다. 광우병을 일으킨 변형 단백질 프리온, 지구온난화의 배후에 있는 이산화탄소, 유전자 변형 생명체, 핵무기, 원자력 폐기물, 셰일가스, 일자리를 잠식하는 인공지능과 로봇, 군사용 드론……．

* Bruno Latour, *We Have Never Been Modern,* C. Porter, Trans.(Cambridge, MA: Harvard University Press, 1993)[브뤼노 라투르, 홍철기 옮김, 『우리는 결코 근대인이었던 적이 없다: 대칭적 인류학을 위하여』(갈무리, 2009)].

이들은 실험실의 힘만으로도, 전통적 정치의 언어만으로도 제어하기 어렵다. 그래서 이런 위험하고 불안정한 존재들을 다루기 위한 새로운 정치적 공간인 '사물의 의회' 혹은 '하이브리드 포럼'이 필요하다. 이것이 라투르가 직접 실험적으로 보여 주었고, 이후 전 세계 곳곳에서 다양한 형태로 확장되고 있는, 21세기의 '물정치(Dingpolitik)'다.*

　　ANT는 존재를 전면에 드러내지만, 전통적인 존재론과는 다르다. 행위자가 먼저 있고 행위를 하는 것이 아니라 행위가 행위자를 만든다. 존재가 먼저 생겨나 연결을 형성하는 것이 아니라 연결 속에서 존재가 연행(enact)된다. 연결망은 끊임없이 뻗어 나가기에, 그 속에서 '나'라는 존재는 피부라는 얇은 막에 갇히지 않으며, 건물이라는 존재도 외벽 안에 갇혀 있지 않다. 존재자가 이해관계를 따라 행동하는 것이 아니라 네트워크의 연결과 단절이 이해관계를 만들어 낸다. 이런 관점에서 라투르는 파스퇴르 이전에는 세균이 존재하지 않았고, 고대 이집트 왕 람세스 2세가 (19세기 과학자인 코흐가 발견한) 결핵균으로 죽었다고 할 수 없다고도 했다.** 이런 비실재론적인 주장은 과학자와 합리주의 과학철학자의 거센 반발을 불러일으켰다.

　　ANT의 존재론은 사회과학자들에게도 적잖은 불편을 안겨 주었다. 세상에 인간과 비인간, 이들의 네트워크만이 존재한다고 가정해 보자. 그렇다면 사회학자가 '구조'라 부르는 것도, 경제학자가 '자본주의'라 명명하는 것도, 여성학자가 '가부장제'라고 지

---

* Bruno Latour, *Politics of Nature: How to Bring the Sciences into Democracy*, C. Porter, Trans.(Cambridge, MA: Harvard University Press, 2004).
** Bruno Latour, "On the Partial Existence of Existing and Non-Existing Objects", In L. Daston(Ed.), *Biographies of Scientific Objects*(Chicago: University of Chicago Press, 2000), pp. 247-269.

적하는 것도, 마르크스주의자가 '생산관계'나 '이데올로기'라 부르는 것도, 더 이상 실체를 가진 무엇으로 남지 못한다. 우리가 비슷한 생각을 하고, 같은 유행과 취향을 좇는 이유는 어떤 거대한 구조가 우리에게 같이 작용하기 때문이 아니라 가브리엘 타르드가 말했듯 그저 서로를 끊임없이 모방하고 배우기 때문이다.* 세계는 고정된 틀이나 보이지 않는 상부 구조로 이루어진 것이 아니라 행위자들 사이에 끝없이 생성되고 소멸하는 관계들의 얽힘에서만 형성된다. 그런 까닭에 ANT의 존재론은 철저히, 그리고 일관되게 관계적 존재론(relationalist ontology)이다.

ANT의 확장과 비판

라투르의 ANT는 인문학과 사회과학 전반에서 기존의 분석 틀을 뒤흔들며 세계를 바라보는 새로운 감수성을 일깨웠다. 무엇보다 STS 내부에서는 실험실 연구는 물론 기술과 인간의 상호 구성에 주목한 기술 정치, 인프라 연구 등 여러 하위 분야가 ANT를 발판 삼아 폭넓게 확장되었다. 인문학에서는 물질문화 연구, 과학철학, 매체 이론, 문학 비평 등이 ANT의 영향을 받아 텍스트나 작품을 떠받치는 물질적·기술적 조건들의 작용을 더욱 정밀하게 추적하기 시작했다. 예술사와 디자인 연구 역시 작품·도구·창작 과정이 빚어내는 네트워크를 재구성하며 창의적 실천의 결을 새롭게 밝혀냈다. 예술의 영역에서도 인간과 비인간이 얽힌 복잡한 네트워크를 사유하고 형상화하는 작가들이 등장했고 또 주목받기 시작했다.

　　ANT는 사회를 인간만의 영역으로 보던 전통적 사회과학의 관성을 깨뜨리며, 사물, 기술, 문서, 기구, 동물, 환경 등 비인간 존재

---

* Bruno Latour, "Gabriel Tarde and the End of the Social", *Sociology of Power* 31(2), 2019, pp. 217-239.

들 또한 세계를 구성하는 적극적 행위자임을 주장함으로써 연구
자들에게 새로운 관찰의 시선을 열어 주었다. 사회학과 인류학에
서는 사회 구조나 문화 규범 같은 추상적 범주보다 미시적 상호 작
용, 실험실 장치, 데이터의 흐름, 기술적 매개를 중심에 놓는 연구
를 촉발했고, 정치학·지리학·도시 연구에서도 ANT는 정책·인프
라·도시 기술·환경 요소들이 얽혀 만들어 내는 복합적 결과를 설
명하는 유용한 분석 틀로 자리 잡았다. 장애학은 ANT의 대칭성
개념을, 인간/비인간의 위계를 전복하는 데서 더 나아가 정상성/
비정상성의 경계 자체를 흔드는 데 활용했다.

이처럼 ANT는 단순한 이론적 모델이 아니라 '사회란 무엇인
가', '행위란 무엇인가', '행위자란 무엇인가'라는 근본적 질문들을
다시 쓰게 한 하나의 전환점이었다. 많은 학자가 인간 중심적 사
고의 관행을 벗어나 '인간 너머(beyond human)', '인간 이상(more-than-
human)'의 존재들을 탐구하기 시작했다. 가이아(Gaia), 환경 위기, 멸
종, 지구온난화 같은 문제들은 ANT의 틀을 통해 다른 각도에서
조명되었다. 지금도 다양한 학문 분야가 자신의 문제 틀을 뒤흔들
거나 확장하기 위해 ANT의 개념적 자원들을 창조적으로 변주하
고 있다.

그렇다고 ANT가 비판을 비껴간 것은 아니다. 먼저 STS 내
부의 사회구성주의자들은 ANT를 쉽게 받아들이지 못했다. 토머
스 쿤의 적자를 자임하던 이들은 과학 이론이 사회적으로 구성된
다는 비판적 연구를 축적해 왔지만, ANT는 '사회적 구성'에도 '비
판'에도 별다른 관심이 없어 보였다. ANT의 모토이자 방법론은
'과학기술자를 따라다니기'인데, 이는 과학의 사실과 진리 주장에
서 거리를 두고 이를 비판적으로 분석했던 사회구성주의자들에게
는 불편한 태도로 비쳤다. 양측은 여러 차례 날 선 논쟁을 벌였다.

ANT에 우호적인 학자들조차 ANT가 보여 주는 '힘의 논리'에 석연치 않은 점이 있다고 지적했다. 네트워크라는 표준적 세계에 적응하지 못하거나 배제된 이들은 누가 대변하는가? 목소리를 내지 못하는 자들은 왜 ANT의 분석 대상에 쉽게 포함되지 못하는가? 왜 ANT에는 젠더나 퀴어에 대한 논의가 보이지 않는가? 네트워크의 세계에서 '가치'는 어디에, 어떤 방식으로 존재하는가?*

전통적인 사회과학에서의 비판도 줄을 이었다. 구조와 역사성을 부정한다면 현실의 불평등한 권력관계를 어떻게 포착할 수 있는가? ANT는 자본주의가 행사하는 실질적 힘을 외면하고 불평등에 눈을 감는 것이 아닌가? 물정치가 중요하다 한들, 왜 여전히 물정치가 아닌 의회 정치가 대세인가? 이런 비판 외에도 인간과 비인간의 대칭이라는 ANT의 토대, 비인간 행위성 개념 그리고 "파스퇴르 이전에는 세균이 존재하지 않았다"는 라투르식의 기묘한 존재론 또한 오래도록 철학적 비판의 표적이었다. ANT는 환영받았고 동시에 거부되었으며, 찬사의 대상이자 동시에 비난의 표적이었다.

ANT가 감추어 버린 라투르

ANT에 대한 관심은 그것이 비판이건 찬사건 한마디로 뜨거웠다. 라투르라는 학자에 대한 관심도 같이 높아졌다. 그는 명성이 자자한 사회과학대학 시앙스포(Science Po)의 부총장으로 임명되었고, 2013년에 사회과학 분야의 노벨상이라고 불리는 홀베르크상을

---

* 이에 대해서는 John Law ed., *A Sociology of Monsters: Essays on Power, Technology, and Domination*(London and New York: Routledge, 1991)에 실린 John Law, "Introduction"(pp. 1-23)과 Susan Leigh Star, "Power, technology and the phenomenology of conventions: On being allergic to onions"(pp. 26-56)을 보라.

받았다. 그런데 ANT의 그늘에 가린 것도 있다. 무엇보다 라투르의 연구 중에서 ANT의 틀로 잘 이해하기 힘든 기호학적, 철학적 논의들이 주목받지 못했다.

샌디에이고의 소크 연구소에서 실험실 연구를 수행하던 시절에 라투르는 캘리포니아를 들락날락하던 이탈리아 기호학자인 파올로 파브리와 친교를 맺었고, 그를 통해 프랑스 기호학자 그레마스의 기호학을 접하게 됐다. 흔히 그레마스의 영향은 라투르가 채용한 행위소(actant) 개념에서 잘 드러난다고 알려졌다.* 행위소가 지목된 이유는, 그것이 인간 행위자와 비인간 행위자를 엄격하게 구별하지 않고 모두에 사용할 수 있기 때문이었다. 실제 라투르는 『실험실 생활』(1979)에서 사람, 장비, 표본, 기계, 데이터가 모두 행위자 효과, 즉 행위성을 가진다고 해석하는데,** 이런 분석을 보면 행위소 개념이 초기 ANT에서 중요했음을 알 수 있다. 즉 기호학의 행위소가 주목받은 이유는 그것이 ANT와 이어지기 때문이다.

이보다 덜 알려진 사실은 1977년에 라투르가 파브리와 과학 연구를 기호학적으로 분석한 논문을 출판했다는 것이다. 이 논문에서 라투르와 파브리는 TRF***의 발견을 보고한 1962년의 과학 논문의 수사학을 분석한다. 이들에 따르면, 과학자들은 경쟁자

---

* 기호학에서 행위소(actant)는 이야기에서 행위를 수행하는 가장 기본적인 단위를 의미한다. 인간, 동물, 기계, 신, 사건 등이 모두 행위소가 될 수 있다. 라투르는 인간 행위자와 비인간 행위자의 구분을 허무는 과정에서 이 둘을 모두 지칭할 수 있는 행위소 개념을 채용했다.

** Bruno Latour and Steve Woolgar, *Laboratory Life: The Construction of Scientific Facts*(Princeton, NJ: Princeton University Press, 1986)(1st ed. 1979)[브루노 라투르·스티브 울거, 이상원 옮김, 『실험실 생활: 과학적 사실의 구성』(한울아카데미, 2019)].

*** TRF는 Thyrotropin Releasing Factor의 약자다. 이는 뇌의 시상하부에서 분비되는 삼펩타이드 호르몬으로 (구성: Glu-His-Pro-NH_2) 뇌하수체에서 갑상선 자극 호르몬을 분비시키는 역할을 담당한다.

의 주장을 'X가 ~라고 말한다', '~일 수 있다'는 식으로 양상화된 (modalized) 것으로 제시하지만, 자신의 주장은 '우리는 ~임을 보여 준다', '~이다'는 식으로 양상(modality)을 떼어 내고 제시함을 보여 주었다. 즉 과학자는 경쟁자의 주장을 방법의 한계, 조건 미비, 불충분한 통제 같은 조건으로 끌어 내려서 그들이 보여 준 것은 사실이 아니라 단지 주장에 불과한 것으로 평가한다. 반대로 자신에게는 사실에 대해 말할 권리를 부여하는데, 이것이 과학적 사실의 수사학적 구성이다.* 과학적 발견을 보고하는 언술에 양상이 붙는지 떨어지는지에 따라서 진리 조건이 달라진다는 인식은 라투르의 사상에 깊숙이 박혔다.**

　　그레마스와 파브리의 영향은 여기서 멈추지 않았다. 기호학은 실험실 연구와 신학에 대한 라투르의 박사 연구를 연결해 주는 역할을 했다. 기호학은 기호 체계(특히 내러티브 구조)에서 가치, 상태, 역할이 규칙적으로 바뀌는 연산의 변환에 주목한다. 널리 알려진 사례로 민담은 주인공의 결핍 상태에서 시작해서, 여정을 거치면서 대상을 획득하고, 결핍을 충족하면서 사회적 가치를 바꾸는 변환을 포함한다. 여러 단계를 거치면서 주인공은 영웅으로 탄생하는 것이다. 비슷하게, 라투르는 『실험실 생활』에서 과학자가 돼지머리 같은 시료를 사용해서 샘플을 만들고, 이 샘플을 실험 기기

---

* Bruno Latour & Paolo Fabbri, "La rhétorique de la science: Pouvoir et devoir dans un article de science exacte", *Actes de la Recherche en Sciences Sociales*, vol. 13, no. 1, 1977, pp. 81-95. 라투르에 관심 있는 독자는 양상에 대한 논의가 낯설지 않을 것이다. 그가 『실험실 생활』의 제2장에서 양상에 따라 과학 명제를 가장 불확실하고 추측적인 것부터 사실로 입증된 것을 다섯 단계로 나누고, 그 단계를 넘나드는 상승과 하강을 논했기 때문이다.

** 양상(modality)이 양식(mode)에서 나온 것(mode → modal → modality)임을 상기해 보면, 그의 이런 논의와 『존재양식의 탐구』 사이에 있는 희미한 연결을 볼 수 있을 것이다.

에 넣어 작동시키고, 데이터와 그래프를 얻어 내고, 이를 이용해 논문을 써서 사실을 인정받는 변환 과정을 서술한다. 여러 단계를 거치며, 동물 시료는 그래프가 담긴 유명한 논문으로 바뀌는 것이다.

그런데 이런 변환의 구조는 그가 박사 논문에서 다룬 독일 신학자 불트만의 성경 해석과 연관된다. 해석의 핵심 전제는 성서가 사용하는 천사, 귀신, 우주적 기적 같은 신화적 언어는 그 시대의 세계관이 빚어낸 표현이므로 현대인의 인식으로는 더 이상 그 층위를 그대로 수용할 수 없다는 것이다. 따라서 텍스트를 오늘의 독자에게 의미 있는 실존적 메시지로 재구성하는 해석학적 작업, 곧 주해가 필수적이다. 불트만에게 주해란 "신화적 사건 → 해석학적 작업 → 실존적 메시지"로 이어지는 변환 과정이며, 그 핵심은 성경에서 신화적인 부분을 계속 제거해서 궁극적으로 실존적 메시지를 얻어 내는 과정이다. 첫눈에 보기에는, 불트만의 해석에 수반되는 변환은 과학에서의 변환과 달라 보인다. 종교적 진리는 신화적 요소를 뺌으로써, 반면에 과학적 진리는 새로운 기기를 이용한 연쇄를 계속 더함으로써 얻어지는 것처럼 보였기 때문이다.*

그렇지만 라투르는 이런 차이보다는 연결의 긴 연쇄라는 공통점에 주목했다. 종교건 과학이건 진리는 스스로 드러나는 것이 아니라 적극적 실천을 통해 발명되는 것이었다. 그리고 이 실천은 일회성에 그치는 것이 아니라 마치 쇠사슬처럼 길게 연결된 연쇄적 변환으로 구성된 것이었다. 무엇보다 이런 변환은 적절해야 했다. 시료에서 데이터를 얻는 과정이 적절하기 위해서는 그 목적에

---

* Brun Latour, "Coming out as a Philosopher," pp. 600-601.

적합한 기기를 사용해야 했듯이 불트만의 주해에서도 한 단계에서 다음 단계로의 이행이 적절하게 이루어져야 했다.* 라투르는 과학과 종교 모두에서 진리를 얻기 위해서는 여러 단계의 변환 과정을 거쳐야 하며, 이 변환이 모두 적절하게 이루어지는 조건을 충족해야 한다는 어렴풋한 이해에 도달할 수 있었다.

미국에서 연구를 끝내고 프랑스로 돌아온 라투르는 파브리가 소개해 준 프랑스 기호학자 프랑수아즈 바스티드와 함께 과학 논문에 등장하는 일련의 도해들이 진리 주장을 어떻게 변형시키는지에 대한 연구를 출판했다. 이 논문에서 라투르와 바스티드는 녹조류 실험에서 얻은 관찰 이미지, 그래프, 벡터 도식의 세 가지 형식이 어떻게 서로 다른 규칙에 따라 실험 대상을 재구성하는지를 비교하면서, 과학적 산출물이 자연을 곧바로 반영하는 것이 아니라 여러 단계의 기호적, 기술적 변환 체계를 거쳐 만들어진다고 주장했다. 이러한 도해나 사진 같은 시각물은 실험 대상을 선택하고, 시공간 구조를 배열하고, 원인성과 방향성을 부여하며, 특정 해석을 강제하는 기호적 기계로 작동했던 것이다. 이 과정에서 무질서함과 복잡성 대신 고유한 방향성이나 명확한 인과관계를 갖는 자연적 대상이 만들어졌고, 이것이 과학적 실재를 구성하는 데 결정적으로 기여했다.**

이들은 기호학을 사용해서 소설, 과학, 기계를 같은 방법으로

---

* 라투르는 이 이행의 적절한 조건을 반복에 대한 (역시 그의 박사 논문 중 일부인) 샤를 페기의 작업에서 발견할 수 있었다고 회고했다. Ibid., p. 600.

** Bruno Latour & Françoise Bastide, "Essai de science fabrication", *Etudes Francaises* 19(2), 1983, pp. 111-126. 이 논문의 영어판은 B. Latour and F. Bastide, "Writing science —Fact and fiction", In M. Callon, J. Law & A. Rip(Eds.), *Mapping the Dynamics of Science and Technology*(London: Palgrave Macmillan, 1986), pp. 51-66에 실려 있다. 이 변환 과정에서 그림은 점차 단순(reduction)해지지만, 그림이 묘사하는 과학적 실재는 점점 더 튼튼한 존재로 증폭(amplification)된다.

분석하는 기획을 세웠지만, 이 기획은 1988년에 바스티드가 요절하면서 무산되었다. 다만 그녀가 사망하던 해에 출간된 논문에서 라투르는 특수 상대성 이론에 대한 아인슈타인의 텍스트와 소설을 비교했다.* 라투르는 열차 안에서 빛이 이동하는 데 걸리는 시간 같은 사건에 대한 정보를 수집하는 관찰자와 이렇게 수집된 정보를 종합하는 아인슈타인을 발화자(enunciator)로 호칭하면서, 아인슈타인의 프레임에서 관찰자의 프레임으로 이동(shifting out)하는 것을 소설에서 쓰이는 프레임의 (작가 프레임 → 주인공 프레임) 이동과 비교했다.** 라투르 비판자들은 물론, STS 전공자들도 이 논문의 완전한 의미를 이해하지 못했다. 아마 대부분의 독자는 이 논문을 '과학의 수사학(rhetoric of science)'이라는 덜 흥미로운 지적 전통에 있는 사례 연구 정도로 이해했을 것이다.*** 그런데 지금 우리에게 이 논문에서 진정으로 흥미로운 점은 이 논문이 발화자, 발화(enunciation)라는 개념을 최초로 사용했다는 사실이다.**** 발화가 중요한 이유는, 라투르가 당시 사용한 발화 체제(regime of enunciation)라는

---

* Bruno Latour, "A Relativistic Account of Einstein's Relativity", *Social Studies of Science* 18(1), 1988, pp. 3-44.

** 라투르가 보여 주려고 한 점은 과학의 경우에 저자(아인슈타인)로 다시 프레임을 옮기는 이동(shifting in)이 존재하며, 이런 이동이 소설의 경우에는 없다는 것이었다. 당시에는 거의 주목을 받지 못했지만, 이는 라투르가 과학의 특성을 묘사하는 데 사용한 순환하는 지시(circulating reference)라는 개념으로 이어진다. 이에 대해서는 Bruno Latour, *Pandora's Hope: Essays on the Reality of Science Studies*(Cambridge MA: Harvard University Press, 1999), ch. 2를 참조[홍성욱·장하원 옮김, 『판도라의 희망: 과학기술학의 참모습에 관한 에세이』(휴머니스트, 2016)].

*** 이 논문은 영문으로 출판된 라투르의 논문 중에서 가장 덜 읽힌 논문에 속했고, 1990년대 벌어진 '과학 전쟁'에서 집중적인 비판의 대상이 되었다. 이에 대해서는 홍성욱, 「'누가 과학을 두려워하는가': 최근 '과학 전쟁'(Science Wars)의 배경과 그 논쟁점에 대한 비판적 고찰」, 『한국과학사학회지』 19권 2호, 1997, 151-179쪽 참조.

**** 여기서 발화(enunciation, énonciation)는 그레마스 같은 프랑스 기호학에서 사용된 개념으로 보통 '주체가 자신을 드러내는 사건'으로 이해된다.

개념이 후에 그대로 존재 양식(mode of existence)으로 바뀐 것이기 때문이다.*

발화 체제에서 존재 양식으로

라투르가 생각을 확장한 계기는 이자벨 스텐거스와의 토론이었다. 스텐거스는 라투르와 칼롱의 ANT에 대해서 뭔가 부족하다는 논평을 하던 철학자 동료였는데, 1987년 여름에 라투르에게 돌이 자신을 유지하기 위해서 겪어야 하는 위험에 대한 알프레드 N. 화이트헤드의 논의를 들려주었다. 스텐거스는 라투르에게 세계를 단일한 실체의 질서로 보는 대신 지속하려는 위험에서 자신을 갱신하는 과정으로 이해할 것을 제안했던 것이다. 라투르는 이 얘기에 너무 큰 충격을 받아 한참 동안 바위에 손을 얹어 본 뒤에 실제로 '돌이 존재하기 위해서 겪는 위험'을 느꼈다고 회고한다.** 중요한 점은 그가 이런 깨달음 이후에 모든 존재를 정태적 실체가 아니라 지속을 위해 위험을 감수하는 사건으로 새롭게 사유하게 되었다는 사실이다. 라투르는 과학과 종교에 관한 연구에서 진리에 도달하는 과정이 여러 단계를 적절하게 건너뛰면서 이루어진다고 생각했는데, 화이트헤드에게 얻은 통찰은, 지속을 위해 간극을 건너뛰어야 하는 틈이 위험으로 가득하며, 돌 같은 무생물을 포함한 모든 존재에 공통적일 수 있다는 것이었다.『존재양식의 탐구』에서 중요하게 등장하는 공백(hiatus) 개념과 재생산[REP] 존재 양식이 바로 이때 그가 깨달은, 간극의 위험을 극복하며 지속되는 존재 양

---

* 라투르는 바스티드와 협업하던 시절에 이미 '발화 체제(regime of enunciation)'라는 개념을 사용했다고 회고했다. Bruno Latour, "Biography of an Inquiry: On a Book about Modes of Existence", *Social Studies of Science* 43(2), 2013, pp. 287-301, p. 296.
** Ibid., p. 297.

돌이 스스로를 유지하기 위해서 겪어야 하는 위험에 대한 알프레드 N. 화이트헤드의 논의를 들은 라투르는 큰 충격에 빠졌다.(출처: stockvault)

식이었다.

과학과 종교 이외에 어떤 진리 체계가 있을까? 그는 아프리카 아비장에서 평화 요원으로 군 복무를 대신했던 1970년대 초반부터 기계에 관심이 있었다.* ANT의 교과서이자 백과사전으로 불리는

---

* 당시 라투르가 맡았던 프로젝트가 아프리카 원주민들이 왜 자동차 엔진 같은 기계를 잘 이해하지 못하는지를 인류학적으로 분석하는 것이었다. 당시 많은 유럽인이 아프리카 사람들은 '아프리카인의 심성'을 가지고 있기 때문에 기술을 다루는 데 적합하지 않다고 믿었던 데 비해, 라투르는 심층 인터뷰를 통해 그 이유가 이들이 어릴 적부터 기

『*Science in Action*』*에도 기계에 대한 논의가 많이 등장한다. 1980년대 말에 라투르는 파리가 추진했다가 실패한 지하철 '아라미스'에 대해서 깊이 연구한 뒤에 연구 결과를 담은 『*Aramis*』(프랑스어판 1992, 영어판 1996)를 출간했다.** 실패한 아라미스 프로젝트 관계자들이 궁금해했듯이 라투르는 마치 "누가 아라미스를 죽였는가?"를 묻고 이에 대해서 답하는 것처럼 책을 시작했다. 그러나 그가 논의를 전개한 양상은 이런 통속적인 질문에 대한 답과는 크게 달랐다. 라투르는 아라미스의 좌초를 이곳저곳의 기술적 결함에 의한 것이 아니라 정치, 경제, 조직, 사회적 행위자들이 충분히 연결되어 이 기술에 헌신하지 못한 관계적 실패로 해석했기 때문이다. 기술은 연속적인 협상, 조율, 유지를 통해서만 버틸 수 있는 취약한 존재라는 것이 드러났는데, 이는 후에 기술적[TEC] 존재 양식의 특성으로 자리매김했다.***

아라미스에 대한 연구가 끝나고 라투르는 완전히 다른 대상을 연구할 기회를 잡았다. 1994년부터 1999년 동안 그는 프랑스 최고 법원 중 하나인 국참사원(Conseil d'État)의 요청을 받아 이 법원

계를 만지고 조작하는 환경에서 살았던 적이 없었기 때문이라고 해석했다. 이에 대해서는 Henning Schmidgen, *Bruno Latour in Pieces: An Intellectual Biography*(New York: Fordham University Press, 2015), pp. 20-24를 참조.

* Bruno Latour, *Science in Action: How to Follow Scientists and Engineers through Society* (Cambridge, MA: Harvard University Press, 1987). 이 책의 한국어 번역은 생뚱맞게도 '젊은 과학의 전선'이라는 제목을 달고 출판되었다[『젊은 과학의 전선: 테크노사이언스와 행위자-연결망의 구축』(아카넷, 2016)]. 통상적으로 프랑스어판을 먼저 내고 이를 영어로 번역한 라투르의 다른 책과 달리, 이 책은 영어로 먼저 저술되었다(1987년에 영문판이 먼저 나오고 1989년에 프랑스어판이 나왔다). 영미권의 STS 독자를 염두에 두고 쓴 책임을 알 수 있다.

** Bruno Latour, *Aramis, or the Love of Technology*(Cambridge, MA: Harvard University Press, 1996)[프랑스어판 *Aramis ou l'amour des techniques*, Paris: La Découverte, 1992].

*** 책의 부제인 'Love of Technology'는 이런 맥락에서 그 의미를 이해할 수 있다.

파리의 빅토르(Victor)대로역에 있는 아라미스(Aramis) 테스트 트랙.(출처: 위키피디아)

에 대한 민족지적 연구를 15개월 동안 진행했다. 과학 인류학자에서 법 인류학자로 탈바꿈한 것이다. 이 작업을 하면서 라투르는 지시(reference)가 순환하는 과학과 달리 법정에서는 법률적 주장 혹은 위법 주장(moyen)이 순환한다는 것을 알게 되었다. 둘 다 객관성을 추구하지만, 과학과 법은 그 객관성을 얻어 내고, 유지하고, 정당화하는 방식이 너무 달랐다. 그는 과학적 발화 체제*와 법적 발화 체제 사이의 차이를 한 장의 표로 만들어서 제시했다.**

---

* 여기서 발화 체제는, 푸코의 담론 체제 같은 개념에서 볼 수 있듯이 누가 어떤 조건에서 발화할 수 있는 자격이 있으며 어떤 말이 참/거짓으로 인정되는지를 규정하는 형식과 사회적 장치를 의미한다.

** 국참사원 연구 결과는 Bruno Latour, *La fabrique du droit: Une ethnographie du Conseil d'État*(Paris: La Découverte, 2002)[영문판 *The Making of Law: An Ethnography of the Conseil d'État*(Cambridge: Polity Press, 2010)]로 출판되었다.

과학(참조의 연쇄)	법(의무의 연쇄)
비인간에 의한 기입	인간에 의한 기입
정보 = 변형	정보 = 형식을 따라감
사실과 이론을 포착하기 위해 상식을 버림	사실 주장을 유지하는 과정에서 상식을 유지
사실과 이론이 동시에 발전	사실이 안정된 뒤에 법적 작업이 시작됨

표 1. 과학과 법이라는 두 발화 체제(enunciation regime)에 대한 비교.(Latour, *Making of Law*, p. 235, 표의 일부)

1999년, 라투르가 오랫동안 친교를 맺어 온 기호학자 파브리가 60세가 되었고, 그의 동료와 제자들은 이를 기념하는 책을 출판했다. 라투르도 이 책에서 '발화에 대한 작은 철학'이라는 장을 썼다. 이탈리아어로 출판된 이 글에 주목한 사람은 거의 없었다.* 그렇지만 이 짧은 논문은 『존재양식의 탐구』의 원형이라고 평가할 수 있을 정도로, 라투르가 그동안 고민했던 발화 체제를 확장해서 정리한 것이었다. 이 논문에서 라투르는 구조주의 기호학, 특히 그레마스의 발화 개념을 '부재의 흔적이 현재를 가능하게 하는 과정'으로 재해석하고, 발화에 대한 이러한 재정의에 근거해서 세계를 구성하는 존재들이 각기 다른 방식으로 자신을 드러내는 다양한 '발화 체제(regimes of enunciation)'를 탐구했다.

우선 가장 중요한 첫 번째 발화 체제는 존재들이 자신을 지속하는 방식인 '재생산(reproduction) 발화 체제'다. 재생산 체제에서는

---

* Bruno Latour, "Piccola filosofia dell'enunciazione", In P. Basso & L. Corrain(Eds.), *Eloquio del senso: Dialoghi semiotici per Paolo Fabbri*(Milano: Costa & Nolan, 1999), pp. 71-93.

생명과 무생물 모두가 저마다의 방식으로 존재를 지속하면서, '지속의 전달'을 수행한다. 두 번째 발화 체제는 '치환(substitution)의 발화 체제'다. 여기에서는 인간적 주체나 의도 없이 무의식적 이미지와 형태가 서로를 대체하면서 무의식의 발화가 전개된다. 세 번째는 믿음/생략(belief/omission)의 체제인데, 여기에서는 발화자가 지워진 채 내용만이 '그냥 그러하다'로 받아들여진다. 우리는 이런 것을 존재의 본질이라고 부르는데, 라투르에 따르면 본질은 특정한 발화 체제의 효과다.*

뒤이어 라투르는 준객체(quasi-object)를 중심으로 전개되는 기술, 허구 그리고 과학이라는 세 가지 발화 체제를 탐색한다. '기술(technology) 발화 체제'는 도구와 기계가 인간의 행위를 대신 수행하며 몸과 몸 사이를 연결하는 매개적 전달을 이루는 방식이고, '허구(fiction)의 발화 체제'는 이야기가 우리를 다른 인물, 다른 차원으로 파견함으로써 자아를 형성하게 하는 상상적 보내기다. '과학(science)의 발화 체제'는 허구와 유사한 파견 구조를 갖지만, 보낸 파견자가 반드시 돌아와야 한다는 점에서 특별하다. 이렇게 귀환한 데이터, 표상, 그래프 같은 준객체는 참조(reference)라는 신뢰 가능한 세계 연결망을 구성한다. 이 세 체제는 인간과 세계의 관계가 각각 기술적, 상징적, 인지적 매개를 통해 성립함을 보여 준다.**

준객체가 매개물의 차원이라면, 준주체는 그것을 주고받는 행위자에 초점을 둔다. 여기도 세 가지 체제가 있는데, 우선 '정치

---

* 『존재양식의 탐구』에서 첫 번째 재생산 발화 체제는 그대로 재생산[REP] 존재 양식이 된다. 두 번째 치환의 발화 체제는 변신[MET]의 존재 양식과 겹치는 부분이 있지만 동일하지는 않다. 세 번째 믿음/생력의 체제는 애착[ATT]의 존재 양식과 거의 흡사하다.

** 준객체와 관련한 이 세 발화 체제는 『존재양식의 탐구』에서 그대로 기술[TEC], 허구[FIC], 참조[REF]의 존재 양식으로, '과학'이 '참조'로 말만 바뀐 채로 유지되었다.

(politics)의 발화 체제'에서는 "누가 말하는가, 누구를 대표하는가"라는 주제가 끊임없이 재조정되며, 발화는 집합체를 구성하는 행위가 된다. '종교/사랑(Religion/Love)의 발화 체제'에서는 발화의 목적이 정보 전달이 아니라 현존의 재확인으로 이동한다. 수없이 반복되는 "나는 너를 사랑한다"라는 문장은 존재를 재확인하면서, 매번 새롭게 현재를 만드는 역할을 한다. '법(Law)의 발화 체제'에서는 발화, 발화자, 청자를 명확히 추적할 수 있도록 서명, 문서, 증거가 고정된 흔적을 남겨 사회적 신뢰를 보장하는 것이 중요해진다. 이 세 체제는 준주체들이 서로 관계를 맺으면서 사회적 질서가 조직되는 방식이다.*

　　라투르에게 발화란 언제나 부재한 존재들을 불러내는 매개 행위이며, 의미와 존재는 명확한 구별 없이 지금까지 살펴본 기계, 계약, 상징, 도구, 문서, 천사, 참조의 다양한 매개 작용을 통해서 함께 구성된다. 따라서 그에게 존재론은 고정된 본질을 탐구하는 철학이 아니라 이러한 수많은 매개자가 어떻게 존재를 유지하고 현재를 구성하는지 추적하는 작업이다. 라투르는 의미, 존재, 행위, 매개의 엄격한 분리가 무너진 근대 이후의 세계를 매개자와 대리자들의 세계로, 즉 끊임없이 서로를 대신하고 건네면서 존재를 유지하는 발화들의 그물망으로 그려 낸다. 아홉 가지 발화 체제를 제시하면서 라투르는 다원적 존재론이라는 새로운 형이상학적 토대를 쌓기 시작했다.

　　그런데 '발화 체제'라는 개념이 그가 파악한 다원적 존재론을 응축하기에 가장 적절한 개념인가? 2007년에 출판된 논문을 보면, 라투르는 프랑스 철학자이자 미학자인 에티엔 수리오의 오래

---

* 준주체와 관련한 이 세 발화 체제 역시 『존재양식의 탐구』에서 그대로 유지되었다.

된 책에서 '존재 양식'이라는 개념에 주목한 것으로 보인다.* 같은 해 출판된 『STS 핸드북』에 실린 글에서는 뉴욕 자연사 박물관의 말 화석에 대한 분석을 통해 지속(subsistence)의 존재 양식과 참조의 존재 양식을 논했다.** 이 시점부터 존재 양식은 발화 체제를 대체했다.

빈자리를 채우기

발화 체제라는 거친 도구 대신 존재 양식이라는 틀을 얻음으로써 라투르의 기획은 그에 걸맞은 언어를 손에 넣었다. 이제 남은 일은 오래 비어 있던 몇 개의 자리를 채워 넣는 것이었다. 1990년대 그는 프랑스의 정신과 의사이자 심리학자인 토비 나탕의 클리닉을 여러 차례 찾으며, 그가 환자들과 접촉하고 그들을 치유하는 과정을 지켜보았다. 나탕은 환자가 경험하는 정령, 악령, 영적 존재들을 단순한 은유나 증상으로 과소평가하지 않았다. 오히려 그들과 실제로 상호 작용하며 환자를 돌보는 독특한 임상을 펼친, 민족정신의학의 대표적인 실천가였다.*** 라투르는 이 임상적 장면들에서

---

* Bruno Latour, "Pluralité des manières d'être", *Agenda de la pensée contemporaine*, *Printemps* 7, 2007, pp. 171-194; Étienne Souriau, *Les différents modes d'existence*(Paris: Presses universitaires de France, 1943). 이 책에서 수리오는 'being'이라는 하나의 존재 대신에 살아 있는 생명체, 예술 작품, 가치(value), 몸과 영혼, 소설 주인공 같은 다양한 존재 양식이 있고, 각각은 다른 방식으로 창설(instauration)된다고 주장했다. 이런 주장은 라투르의 발화 체제에 대한 인식과 매우 흡사하다. 수리오는 이런 존재 양식이 각자의 영역에 적합한 진리 조건을 갖는다고도 했는데, 이는 『존재양식의 탐구』에서 적정성 조건으로 개념화되었다. 라투르가 수리오를 언제 발견했는지는 분명치 않다. 2007년 논문 이전에 수리오를 언급한 경우가 없다는 사실에서 그 시점을 대략 짐작할 수 있을 뿐이다.

** Bruno Latour, "A Textbook Case Revisited: Knowledge as Mode of Existence", In E. J. Hackett, M. Lynch, J. Wajcman & O. Amsterdamska(Eds.), *The Handbook of Science and Technology Studies*, 3rd ed.(Cambridge, MA: MIT Press, 2007), pp. 83-112.

*** 토비 나탕의 영향은 Bruno Latour, *On the Modern Cult of the Factish Gods*(Durham,

보이지 않고, 변모 가능하며, 지속성이 불안정한 존재 양식을 끌어올렸다. 스스로 형태를 바꾸며 인간에게 파문을 일으키는 이 존재들은 겉으로 드러나지 않으면서도 인간의 내면과 외부를 동시에 흔드는 힘을 지닌다. 이것이 바로 『존재양식의 탐구』에서 말하는 변신[MET]의 존재 양식이다. 그 덕에 근대 과학이 애써 무시해 온, 불안정하고 흘러가는 '귀신 같은' 존재들이 라투르의 다원적 존재론에서 마침내 자리를 얻었다. 라투르의 세계에는 말 그대로, 귀신도 과학이나 하나님(God)이나 햄릿처럼 존재한다.

　　모든 존재 양식의 계보를 이 자리에서 따라갈 필요는 없을 것이다. 다만 마지막으로, 『존재양식의 탐구』에서 가장 미묘하면서도 중요한 축을 이루는 전치사[PRE] 존재 양식만은 짚고 넘어가 보자.* 라투르는 in, on, above, through 같은 전치사를 더 이상 단순한 문법의 부속품으로 두지 않았다. 그는 이런 전치사들을 존재자들이 서로를 스쳐 만나고, 통과하고, 매듭을 맺게 하는 하나의 관계적 존재 양식으로 상승시켰다. 이 전치사적 관계는 존재를 하나의 실체로 묶어 내려는 전통 형이상학에서 벗어나 존재를 다양한 관계적 흐름에서 이해하도록 이끌었다. 수리오를 경유한 라투르는 존재자를 '무엇이다'가 아니라 '어디에, 무엇과 함께, 어떻게' 놓여 있는 것으로 다시 그렸다. 특히 이 전치사 존재 양식은 네트워크 존재 양식과 결합해 네트워크에 방향, 즉 가치의 기울기를 부여했다. ANT가 몰가치적이라는 비판에 대해 라투르가 오래 미루어 왔던 대답이 바로 이것이었다.

NC: Duke University Press, 2010)와 다른 글들에 흩어져서 나타난다.
* Bruno Latour, "Reflections on Étienne Souriau's Les différents modes d'existence", *In The Speculative Turn: Continental Materialism and Realism*, edited by Graham Harman, Levi R. Bryant and Nick Srnicek(Melbourne: re.press, 2011), pp. 304-333.

　　제한된 지면에 그의 긴 사유의 여정을 모두 담아낼 수는 없었지만,* 지금까지 우리가 살펴본 라투르의 긴 지적 여정의 종착역이 『존재양식의 탐구』였음은 확실하게 보여 주었다고 생각한다. 이 글의 처음에 언급했듯이 그는 처음부터 철학자였다. 다만 우리가 철학자로서의 라투르를 보지 못했을 뿐이었다.

　　자, 이제 여러분은 재생산과 변신, 습관의 존재들, 네트워크와 전치사와 더블 클릭의 존재들, 과학과 기술과 허구의 존재들, 정치·법·종교는 물론, 조직·도덕·애착의 존재들까지 뒤섞여 웅성거리는 세계 속으로 입장할 준비가 되어 있는가?

　　아니, 그보다 먼저, 왜 이런 세계가 필요한가? **서리북**

---

* 예를 들어 라투르의 아래 연구들은 정치[POL] 존재 양식, 조직의[ORG] 존재 양식 개념이 어떻게 발전했는지를 보여 준다. Bruno Latour, "What if we Talked Politics a Little?", *Contemporary Political Theory* 2(2), 2003, pp. 143-164; "What's the story? Organizing as a mode of existence", In J. H. Passoth, B. Peuker & M. Schillmeier(Eds.), *Agency without Actors? New Approaches to Collective Action*(New York, NY: Routledge, 2012), pp. 163-177.

홍성욱

과학기술학자. 《서울리뷰오브북스》 초대 편집장을 지냈다. ANT를 소개하는 『인간, 사물, 동맹』을 엮었고, 라투르의 『판도라의 희망』(공역)을 번역했다. 지금 라투르의 마지막 책인 *If we lose the Earth, we lose our souls*(2024)를 번역 중이다.

📖 라투르에 대해 오랫동안 깊이 있는 사색을 진행한
사회학자 김홍중의 연구를 모은 책. 라투르에 대한 독해를
통해 인류세라는 멈추어진 시간에서 우리가 이미 진행 중인
파국을 직시하고 새로운 감수성과 시야를 획득해야 한다는
급진적 요청을 던진다. 라투르의 존재를 안정된 실체가
아니라 연결과 취약성에서 가까스로 지속되는 것으로
이해하게 만드는 이 책은, 세계의 균열에서 서로를 바라보고
휘말리고 연대할 때 비로소 다른 미래를 상상할 힘이
열린다는 사실을 날카롭게 일깨워 준다.

"가까스로-있음은 내가 파악하는 라투르 존재론의 요체다.
이에 의하면, 모든 존재는 간신히, 그러니까 한자로 하면
간난신고(艱難辛苦) 속에서 존재한다." — 책 속에서

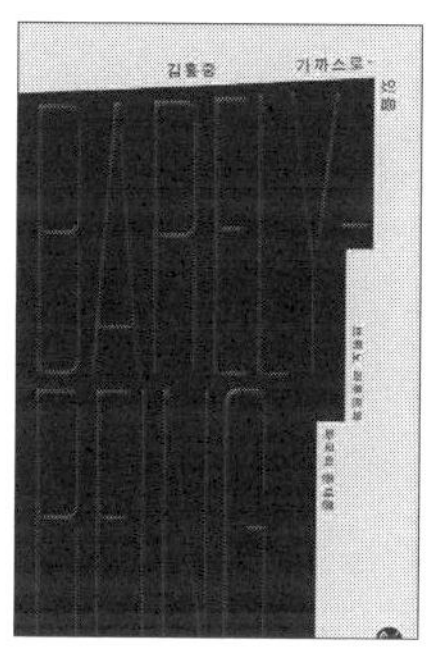

『가까스로-있음: 브뤼노
라투르와 파국의 존재론』
김홍중 지음
이음, 2025

📖 브뤼노 라투르를 국내에 처음 소개한 사회학자 김환석의
라투르 연구를 집약한 책. 초기 라투르의 실험실 연구부터
라투르의 행위자 네트워크 이론의 형성, 근대성의 재해석,
코스모폴리틱스, 존재 양식에 대한 철학적 분석 그리고
그 뒤에 이루어진 가이아와 기후위기에 대한 진단까지
라투르의 전 사상을 개괄한다. 얇지만 상당한 무게감을 지닌
책인데, 읽기도 편안하다. 라투르에 처음 입문하는 사람에게
가장 추천할 만한 책이다.

"라투르의 존재론에 따르면 사물들은 지속적 정체성을
갖지 않는다. 오히려 사물들은 다양한 부분들이 서로에게
가하는 힘에 의해 함께 남아 있는 만큼만 유지되는
어셈블리지(assemblage)들이다." — 책 속에서

『브뤼노 라투르』
김환석 지음
커뮤니케이션북스, 2024

문학·에세이

서울
리뷰 오브
북스

책에 관한 책에서 책에 관한 책 읽기

문지혁

책을 읽는 일은 왜 어려울까?

그것은 주말이 짧은 이유와 같다. 아주 간단한 공식으로 이를 증명해 보자.

월화수목금 〉토일

만약 주말을 '토일'이 아니라 '퇼'로 감각하는 사람에게 이 격차는 더 커질 것이다. 결론: 주말이 짧게 느껴지는 이유는 실제로 짧기 때문이다.

같은 논리를 독서에도 적용해 볼 수 있다. 독서는 왜 어려운가? 실제로 어렵기 때문이다. 이렇게만 말하면 무책임할 수 있으니 조금 더 이유를 들어 보자. 독서는 우리의 본성이 아니기 때문이다. 인간은 본능과 관계된 일에 주저함이나 어려움을 느끼지 않는다. 밥을 먹거나 잠을 자거나 화장실을 가는 일은 우리 삶의 일부이자 전부다. 그것 없이 우리는 생존할 수 없고, 한번 태어나면 죽을 때까지 이 세 가지를 반복해야 한다. 누구도 예외는 없다. 하지만 독서는? 책을 읽지 않는다고 해서 기절하거나 영양실조에 걸리거나 응급실에 실려 가거나 목숨을 잃지는 않는다. 물론 입안에 가시가 돋을 리도 없다.

인간에게 문자란 기껏해야 5,000여 년의 역사를 가진 (상대적으로) 최신 발명품일 뿐이다. 고대 수메르 문명의 쐐기 문자에서 시작한 '쓰기'의 역사는 오랫동안 '읽기'라는 특수한 능력을 갖춘 이들에 의해 제한되어 왔다. 지금 우리가 스마트폰만큼이나 당연하게 여기는 보편적 읽기-쓰기 능력은 근대에 이르러서야 개인의 대두, 인쇄 기술의 발전, 보편적 교육, 사회 구조의 변화 등 다양하고 복합적인 원인의 화학 작용을 통해 인류에게 새롭게 얻어진 무엇이다. 그사이 책은 두루마리 형태의 볼루멘(volumen)을 거쳐 지금의 코덱스(codex) 형태로 진화했고, 이제는 전자적으로 글자를 기록하는 PDF와 EPUB 형식까지 왔다. 그래서일까? 나는 먹고 자고 배설하는 일보다 신제품인 책에 끌린다. 특별히 책에 관한 책. 바로 이런 책들.

『갈대 속의 영원』, 이레네 바예호 지음, 이경민 옮김, 반비
지난 수천 년 동안 인류의 역사에서 책이 어떤 모험을 해왔는지 알기 위해 이보다 더 좋은 안내서는 없을 것이다. 얇은 파피루스를 펴서 이어 붙이고 양 끝에 상아나 나무로 된 막대기를 덧대 둘둘 말던 두루마리에서 다시 낱장을 묶어 끝을 꿰매고 앞뒤 표지와 책등으로 내지를 감싸는 코덱스에 이르기까지. 고대의 도서관에서 아토스산맥의 수도원, 근대의 활판 인쇄소에서 데이터 센터 서버와 킨들에 이르기까지. 이 책은 '책'이라는 사물이 어떻게 탄생하고 살아남아 우리에게 도착했는지를

장대하고 생생하게 보여 준다.

　책의 역사에서 책은 지금과 너무 다른 모습이라 낯설다. 책은 권력이었고 보물이었고 목숨이었다. 도서관은 지루한 시간을 보내거나 취업을 준비하는 곳이 아니라 격렬한 흥분과 경탄이 솟아오르는 장소였고 종종 생명을 걸고 지켜야 하는 곳이었다. 아무나 읽거나 가질 수 없던, 그래서 때로는 전쟁의 원인이자 목적이 되기도 했던 책은 아이러니하게도 흔해지고 많아지고 저렴해지면서 이제는 누구에게도 환영받지 못하는 천덕꾸러기가 되었다. 독서는 수동적이면서 고리타분한 취미가 되었고, 독자는 더 이상 특권적 지위를 상징하지 않는다. 누구나 작가가 되면서 아무도 작가가 아니게 되었다. 생일 선물로 책을 주는 사람은 눈치 없는 사람이고, 집에 종이책을 쌓아 둔 사람은 이사할 때마다 죄인이 되는 시대. 한때 한 권의 책을 위해 목숨까지 바치던 인간은 이제 책을 두고 말한다.

　아직도 책을 읽는 사람이 있어?

『왜 고전을 읽는가』, 이탈로 칼비노 지음, 이소연 옮김, 민음사
위의 질문에 대해서라면 나보다는 칼비노의 대답을 들어 보기로 하자. 우리가 아직도 책을 읽어야만 하는 이유를 (대개는 구차하게) 만들어 내려고 할 때 자주 등장하는 것이 바로 고전인데, 칼비노는 고전이란 '사람들이 보통 "나는 ……를 다시 읽고 있어."라고 말하지, "나는 지금 ……를 읽고 있어."라고는 결코 이야기하는 않는 책'이라고 정의한다. 이는 세 가지로 해석할 수 있는데, 첫 번째는 우리가 실은 고전을 처음 읽으면서도 (왠지 모를 부끄러움에) 처음 읽지 않는 것처럼 거짓말한다는 뜻이

　　문학 · 에세이

기도 하고, 두 번째는 읽기 전부터 오랫동안 너무 이야기를 많이 들어서 실제로 읽은 것으로 착각하기도 하며, 세 번째로는 고전이란 '독자에게 들려줄 것이 무궁무진'하기 때문에 처음 읽을 때조차도 이전에 읽은 것 같은, 즉 '다시 읽는' 느낌을 주는 책이라는 뜻이다. 칼비노에 따르면 고전이란 '알고 있다고 생각하면 생각할수록 실제로 그 책을 읽을 때 더욱 독창적이고 예상치 못한 이야기들'을 발견하게 해주는 책이며, 따라서 그것은 결코 하나의 정형화된 모습일 수 없다. 어떤 책이 나와 개인적으로 내밀하게 관계를 맺을 때 그 책은 '나만의 책'이 되며 더 나아가서는 그 책과 교류하고 대결하면서 자신과 세계를 규정하는 데까지 이를 수 있다는 것이 그의 주장이다.

그렇다면 고전 혹은 '좋은 책'에 대한 우리의 정의도 수정할 필요가 있지 않을까? 고전이란 〈S대 권장 도서 100권〉이나 〈타임지 선정 100대 소설〉에서 발견할 수 있는 것이 아니다. 그 목록 자체를 만들어 내는 것, 나만의 리스트를 갖는 것, 이를 끊임없이 더하고 빼고 수정해나가는 일이 더 중요하다.

『읽지 않은 책에 대해 말하는 법』, 피에르 바야르 지음, 김병욱 옮김, 가디언

미국에서 공부할 때 교수끼리만 할 수 있다는 (안) 웃긴 농담을 들은 적이 있다.

"그 책 읽어봤어?"

"아니, 아직 가르치지도 않았어."

언뜻 보기에 이 얘기는 말도 안 되는 것 같지만, 바야르적인 관점에

서 들여다보면 꽤 그럴듯한 이야기다. 그는 독서란 사실 비독서를 포함하는 개념이며, 비독서에는 네 가지 방식이 있다고 전제한다.

1) 책을 전혀 읽지 않은 경우

→ 완전한 비독서처럼 보이지만, '쓸데없이' 책을 읽는 대신 책에 대한 '총체적 시각'을 가질 수 있다.

2) 책을 대충 훑어보는 경우

→ 불성실한 독서처럼 보이지만, 왜 책만 끝까지 정독해야 하나? 음식이나 와인은 한입만 먹거나 마시고도 잘만 평가하면서? 오스카 와일드는 말한다. "6분이면 충분하다."

3) 다른 사람들이 하는 책 얘기를 귀동냥한 경우

→ 위에 언급한 고전들이 바로 여기 해당한다. 귀동냥이 쌓이다 보면 읽었다는 착각을 하게 되는 경우도 부지기수. 심지어 읽기도 전에 그 책이 지겹게 느껴지기도 한다.

4) 읽었지만 책의 내용을 잊어버린 경우

→ 바야르에 따르면 '어떤 책을 읽었다'는 말은 언제나 환유다. 왜냐하면 우리는 언제나 책의 일부만 읽을 뿐이기 때문이며, 모든 기억은 결국 망각에 이르기 때문이다.

물론 이 책을 그저 읽지 않고 아는 척하고 싶은 게으른 지식인의 번지르르한 변명쯤으로 치부할 수도 있다. 하지만 결국 바야르가 말하려는 것은, 내 생각에는, 독서에서의 자유다. 책에 등을 돌리는 것, 그것만이 자신의 텍스트를 창조하는 최초의 순간을 만들어 주기 때문에.

포만감을 모르는 괴물처럼 나는 오늘도 책에 관한 책을 찾아 헤

맨다. 하지만 슬픈 것은 두 가지인데, 하나는 여전히 배가 고프다는 것이고 다른 하나는 아직도 책이 뭔지 모르겠다는 것이다. 책이란 무엇일까? '마음의 양식'이라거나 '세상을 보는 창' 같은 대답은 이제 그만하기로 하자. 오랫동안 책에 대한 내 메타포는 '나무들의 묘비명'이었다. 이레네 바예호에게는 '갈대 속의 영원'이고, 스티븐 킹에게는 '휴대 가능한 마법'이며, 파스칼 키냐르에게는 '고체 상태의 침묵'이다. 어쩌면 모든 독서는 이 질문에 대한 자신만의 답을 찾는 데서 시작해야 하는지도 모른다.

당신에게 책이란 무엇인가. 서리북

문지혁

소설가. 번역가. 장편소설 『중급 한국어』, 『초급 한국어』, 『비블리온』, 『P의 도시』, 『체이서』, 소설집 『고잉 홈』, 『우리가 다리를 건널 때』, 『사자와의 이틀 밤』, 작법 에세이 『소설 쓰고 앉아 있네』, 번역서 『동물 농장』, 『라이팅 픽션』, 『끌리는 이야기는 어떻게 쓰는가』 등이 있다. 문학과 책을 다루는 유튜브 채널 〈문지혁의 보기드문책〉을 운영 중이다.

책방 주인의 운명적인 10주년 기념기

요조

지난 10월 10일은 운영해 오던 책방의 10주년이었다.

10월 10일이라는 날짜의 모양부터 10주년을 그냥 넘기기에는 아쉽게 생겼으므로 나는 10, 10, 10이라는 기가 막힌 '아다리'를 제대로 살려 보겠다고 마음을 굳게 먹었더랬다. 그러다 늦여름, 쿨병(실제로는 쿨하지 않지만 겉으로는 쿨한 척하는 태도나 모습)에 걸리게 되면서 그 결심을 빠르게 철회했다. 중요한 순간마다 불쑥불쑥 쿨병이 도지곤 하는데 이번에도 예외는 아니었다. 나는 10, 10, 10이라는 숫자 조합을 강조하며 신이 나서 견디지 못하는 소상공인이 아니라 별일 아닌 듯 담담하고 묵묵한, 쿨한 소상공인으로 보이고 싶었다. 유난히 올해 10주년을 맞이한 분이 눈에 많이 띈 것도 한몫했다. 내가 책방 사장님이 되어 달리기로 한 2015년, 똑같이 어디선가 스타트 라인을 끊었을 시간의 동료들. 그 연결감을 생각하다 보니 자연스럽게 10년이라는 시간에 지나치게 심취하지 않게 된 점도 있었다. 나는 떡을 맞추는 등의 특별한 행사 없이 평소처럼 10주년을 보내기로 했다. 그렇게 의연히 9월의 끄트머리를 지나며 책방에서 다음 북토크로 다룰 책을 읽기 시작했다.

박소령 전 퍼블리 대표의 책, 『실패를 통과하는 일』. 이 책으로 북토크를 하고 싶다고 생각한 것은 순전히 박소령이라는 사람에게 그간 지니고 있던 깊은 호감 그리고 제목 때문이었다. 『실패를 사랑하는 직업』이라는 산문집을 냈던 나와 '실패'라는 공통 키워드가 있었기에——아다리 못 잃어……——'실패 X 실패'라는 타이틀로 북토크를 기획해 보았던 것이다. 그런데 막상 책을 펼치니 소령 님도 십년지기 '시간의 동료'였다. 이 책은 퍼블리라는 스타트업을 창업하고 매각하기까지의 10년을 열 가지 결정적 순간으로 정리한 기록이었다. 그때의 자신이 했던 미흡한 선택을 조목조목 반추하고 거기서 배움을 끌어내는, 실패를 운용하는 방법으로 가히 만점짜리라고 말할 수밖에 없는 이야기였다. 첫 책이라는 것이 믿기지 않을 만큼 완성도 높은 문장들과 속도감 있는 구성에 사로잡혀 허겁지겁 돌진했다. 작은 책방을 운영하는 일과 100억 이상의 투자를 유치한 스타트업을 운영하는 일은 전혀 다른 세계지만 어떤 사이즈의 사업체든 그것을 꾸려가 본 사람이라면 알아볼 수밖에 없는 절박함이란 것이 있기에, 나는 그 천하무적 같은 이심전심으로 경영 언어가 난무하는 이 책에 마치 다리가 무척 길고 탄탄한 허들 레이스 선수처럼 임했다. 모르는 전문 용어들이 허들처럼 등장할 때마다 그 어떤 문장도 소화해 낼 수 있다는 자신감으로 껑충껑충 뛰어넘었다. 그렇게 책을 읽어 나가는 게 무척 오랜만이었다. 조금 간 보다가 아니다 싶으면 미련 없이 책을 탁 덮고 뒤돌아서거나, 내 기준에 어렵게 여겨지면 바로 겁을 먹고 다른 사람이 쓴 리뷰부터 찾아보던 겁쟁이 독서만 하다가 오랜만에 그렇게 용맹한 독서를 하니 세상 신이 났다.

65쪽을 읽던 중이었다. 페이지 아래에 나는 이렇게 메모했다.

'주변에 조언을 구할 사람이 많네…… 부럽다.'

소령 님이 가진 관계망의 풍요로움이 부러워서 적은 문장이었다. 책 속의 그는 고민이 있을 때, 위기가 찾아왔을 때 주변 사람들에게 적극적으로 조언을 구했다. 그리고 그때마다 멋진 조언이 돌아왔다. 조언을 구하는 소령 님의 태도도 진심으로 내 일처럼 조언해 주는 사람들도 모두 근사해 보였다. 독서라는 일의 기제가 그렇듯 자연스레 나의 경우는 어땠는지 곰곰 생각해 보게 되었다.

내가 있는 곳에서는 조언이 그다지 활발히 이루어지지 못했다. 여러 이유가 있었다. 우선 나 스스로 누구에게 조언을 구해야 할지 몰랐다. 내 주변에는 작은 동네 책방을 오래 운영한 굵직한 선배 같은 존재도 거의 없었고, 동료들이 해줄 수 있는 말들도 대부분 소소한 수준이었다. 이를테면 '책을 사지 않고 사진만 찍는 손님을 어떻게 대해야 할까', '책방에 와서 책은 안 사고 화장실만 찾는 손님들은 어떻게 해야 하나' 같은 문제들 말이다. 나 역시 돌아보면 가장 자주 한 조언이 "CCTV 설치 잊지 마세요."였으니 별반 다르지 않았다. 어떻게 하면 책방이 성장할지 매출을 조금이라도 더 올릴 수 있을지 그런 자본주의적인 고민에 대해서 우리는 대체로 함구했다. '선배'도 '모범'도 없는 이 세계에서는 공유할 수 있는 정답 같은 건 없다는 걸 다들 알기 때문일 것이다. 얼마 전에는 책방 주인장들만 모인 단톡방에 이런 고민이 올라왔다. '여기는 어떤 책이 잘 나가요? 베스트셀러가 뭐예요?'라고 묻는 손님에게 뭐라고 대답해야 할지 모르겠다는 이야기였다. 그때 한 분이 남긴 답변이 주목받았다.

문학 · 에세이

“지금 한 권 사주시면 그게 오늘의 베스트셀러입니다…….”

책방 주인이라면 기본적으로 지녀야 마땅한 궁상으로 시시껄렁한 장난을 치는 것이 책방 주인장들의 주요한 대화 방식이었다. 조금씩 세상의 외면을 받는 물건을 파는 일에는 애초에 ‘성장’이라는 말이 어불성설이라는 것, 그저 버티는 것만이 대안이라면 대안이라는 것, 그것을 경험적으로 아는 사람끼리 열심히 할 수 있는 일 중 하나는 그저 서로 지치지 않도록 기를 쓰고 농담을 던지는 일이었다.

한편 나는 의도치 않게 조언을 너무 자주 듣기도 했다. 책방의 세계를 잘 모르는 사람들이, 내가 구하지도 않았는데 자기네들이 먼저 조언을 자꾸 건넸다. 처음에는 조금 피곤할 때도 있었다. 하지만 시간이 지나면서 그들을 이해하는 마음이 생겨났다. 내가 얼마나 답답해 보였으면 이렇게 나서서 굳이 조언을 건넬까! 나도 내가 답답한데 오죽하면! 싶었다. 그럼에도 나는 사람들과 대화 중에 내 책방이 화제에 오르지 않기를 언제나 바랐다. 책방은 어때? 하고 누군가 궁금해하기 시작하면 반드시 그 대화는 조언으로 이어졌다. 나는 조언이 듣기 싫은 게 아니었다. 아무리 무용한 조언이라고 해도 나는 괜찮았다. 다만 도움이 되고 싶다는 마음으로 열을 올리며 조언하기 시작한 사람들은 곧 스스로 깨달아 버리곤 했다. 지금 자신이 얼마나 공회전 같은 이야기를 하고 있는지. 그 사실을 눈치챈 순간의 얼굴을 마주하는 일이 슬프고 미안했다.

이 책은 무서운 마중물이었다. 나의 현실과 얼마나 대조적이고 그러면서도 얼마나 비슷한지. 비록 업종과 규모는 달랐지만, 책에 적힌 단어들이 내 몫의 기억을 하나하나 물어 왔다. 나는 이 책을 통해 쿨병에서 치유되었다. 그 말인즉슨 담담하고 묵묵한 소상공인으로 10년 차를 맞는 데에 실패했다는 뜻이다. 나는 이 책을 읽으며 억울했고 속상했고 분했고 미웠고…… 그럼에도 행복했고 고마웠고 다행스러웠다. 이 책이 아니었다면 지난 10년의 세월을 이렇게까지 요란하고 징하게 돌아볼 수 있었을까 싶었다. 나는 북토크 질문지를 밤새워 준비했다. 나중에 소령 님이 올리신 리뷰를 보고서야 내가 보낸 질문지가 A4 네 장 정도의 분량이었다는 것을 알았다. 더불어 소령 님은 북토크 날 오픈 시간부터 하루 종일 '일일 서점원'으로 책방무사를 지켜주셨는데 그 시간 동안 나는 지난 10년간 타인에게 했던 넋두리를 합친 것보다 몇 배는 길고 진한 넋두리를 구구절절 늘어 놓았다. 그걸 남김없이 경청해 주신 소령 님께 감사하고 죄송할 따름이다(올해가 가기 전에 반드시 은혜를 갚을 것이다).

촌스럽게 들릴 수 있지만 나는 '운명'이라는 말을 되게 좋아한다. 운명을 믿든 믿지 않든 이 단어에서 벗어날 수 있는 사람은 많지 않을 거라고 생각한다. 초월적인 진실이 존재한다는 것을 받아들이지 않더라도 운명이라는 단어는 혼란스러운 삶을 설명하기 위해 사용하는 아주 유용한 은유기 때문이다. 나는 완전히 믿지도 완전히 버리지도 못하겠는 이 단어의 속성이 마음에 든다. 무엇보다 "이건 운명이야."라고 말하는 순간 생겨나는 요상하고 가뿐한 생기가 가장 좋다.

책방 10주년 코앞에서 우연히 펼친 책이 10년간 뜨겁게 회사를 운영한 사람의 이야기였다는 것은 정말이지 끝내주는 운명이 아니었나 싶다. 그러한 운명의 힘으로 나는 책방 주인으로서 할 수 있는 최고의 방식, 즉 책과 뜨거운 독대를 가지며 이 시간을 잘 기념할 수 있었다. 그만큼 엄청난 넋두리도 해버렸지만…….

생각해 보면 손님이 올지 어떤 책이 팔릴지 다음 달에는 유지가 될지 언제나 앞날이 컴컴한 책방의 일이야말로 운명론자가 하기 좋은 일일지도 모르겠다. 예측도 계산도 통하지 않는 하루에서 오늘을 받아들이고, 내일을 기다리는 일. 그 불확실성을 향한 공격적인 수용의 기질이 나에게 있었기에 10년간의 버티기가 가능했을지도 모른다.

11주년의 내 책방은 또 어떤 운명에 처하게 되는지. 글쎄, 일단은 오늘 문을 열고, 오늘이 끝나면 내일 또 문을 열어야겠지. 그 반복이야말로 나에게 주어진 가장 확실한 운명일 것이다. 서리북

요조
노래를 부르고 글을 쓴다. 서울 신촌에서 책방무사를 운영하고 있다.

지금
읽고 있습니다

[편집자] 〈지금 읽고 있습니다〉에서는 전국의
동네책방 책방지기들이 '지금 읽고 있는 책'을
소개한다. 참여해 주신 김대영, 박수현, 서지애,
오지, 이한별, 최재경 님께 감사의 말을 전한다.

『극야일기』
김민향 지음, 캣패밀리,
2025

해가 뜨지 않는
극야의 시간을 북극의
마을에서 마주하며
고양이와 함께 보낸
65일간의 밤, 혹은
낮의 춥지만 따뜻한
온기의 기록. 사진과
글(일기)로 써 내려간
작가의 심선(心線)을
따라가다 보면 오지
않을 것 같았던 희망
같은 일출을 어느새
맞이하게 된다.

책보냥
책방지기 김대영
(서울 성북구)

『말뚝들』
김홍 지음, 한겨레출판,
2025

이전 작 『엉엉』이 혼자
버티던 울음이라면,
『말뚝들』은 함께 모여
울며 서로를 잇는다.
내 슬픔을 말로 건네는
사이, 이름 없는 타인의
죽음이 내 안으로
스며든다—우리 사회에
지금 필요한 치유를
이 소설은 단단히
증언한다.

바람길
대표 박수현
(서울 중랑구)

『우리 몫의 후광은 없나
보네』
오 헨리 외 지음, 김영글
옮김, 돛과닻, 2025

크리스마스에는
꼭 달콤한 이야기만
필요할까? 책머리의
말처럼 희망이
그러하듯 절망 또한
함부로 여길 수 없다는
사실을 일깨워 주는 책.
읽고 나면 잔상이 오래
남는 세계 크리스마스
단편선.

노말에이
대표 서지애
(서울 을지로)

『이처럼 사소한 것들』
클레이 키건 지음,
홍한별 옮김, 다산책방,
2023

누구나 외면하는
진실을 마주하게
되었을 때 침묵했던
적은 없었는지
돌아보게 하는 책.
하지만 우리에게 아직
남아 있는 작은 용기와
누군가를 생각하는
따뜻한 마음이 있다는
것이 위안이 된다.

비온후
책방지기 오지
(부산 수영구)

『0시의 새』
윤신우 지음,
문학과지성사, 2025

시작과 끝, 빛과
그림자, 고요와 소음
사이의 경계선 위로
초대하는 소설.
마시고 있던 말차
라테가 붉은 머그잔을
적시고 있는 것
같다는 기분이 드는
책.

읽을마음
책방지기 이한별
(경기 광명)

『드디어 만나는 아즈텍
신화』
카밀라 타운센드 지음,
진정성 옮김, 현대지성,
2025

정복자의 시선이 아닌,
아즈텍 그들만의
이야기로 신화를
바라본다. 이 책은
승자의 기록이 아닌
패자의 목소리를
복원하려는 시도를
담고 있다. 우리 신화
또한 타인의 해석이
아닌 우리의 시선으로
바라봐야 함을
일깨운다.

노란우산 그림책카페
책방지기 최재경
(대전 중구)

신간
책꽂이

이 계절의 책
2025년 겨울

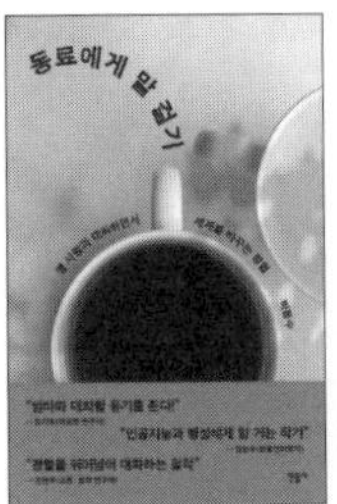

[편집자] 〈신간 책꽂이〉에는 최근 발간된 신간 가운데 눈에 띄는 책을 골라 추천 이유와 함께 소개한다. 이 책들의 선정과 소개에 도움을 주신 분들은 다음과 같다.

김경영(알라딘 인문·사회과학·과학 MD)
손민규(예스24 인문·사회정치·자연과학 PD)
이현진(와우컬처랩 대표)
한지수(교보문고 인문 MD)
(가나다순)

『동료에게 말 걸기』, 박동수 지음, 민음사
철학책 편집자 박동수가 동료들과 철학자들의 책을 불러 모아 이리저리 엮으며 펼쳐 놓는 이야기. 생각 없이 펴서 읽다가 정신이 붙들리는 다정한 시선, 골똘한 고민들.(김경영)

『마르크스주의 입문』, 이찬용 지음, 오월의봄
모순이 극으로 치닫는 세계, 마르크스주의가 다시 부상하며 재해석되고 있다. 세상을 걱정하는 새로운 세대에게는 이 오래된 사상의 대물림이 필요하고, 이 책은 그 마중물이 되기에 적절하다.(김경영)

『사실은 의견일 뿐이다』, 옌스 포엘 지음, 이덕임 옮김, 흐름출판
정보의 과잉으로 사실과 의견을 구분할 수 없게 된 현대 사회에서는 합리주의보다 회의주의가 도움이 된다. 과학적 사실이 '유연한 합의'임을 잊지 않는다면 세상을 더 높은 해상도로 이해할 수 있다.(한지수)

『우리가 사랑한 단어들』, 신효원 지음, 생각지도
언어는 존재의 집이다. 좋은 삶을 위해 아름다운 언어를 구사해야 하는 이유다. 순우리말 단어 750여 개를 소개한다. 신효원 작가의 삶이 담긴 이야기로 뜻을 전한다.(손민규)

 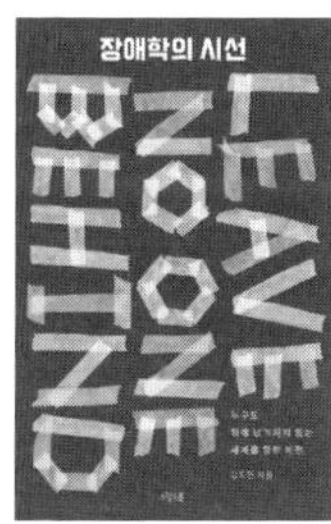 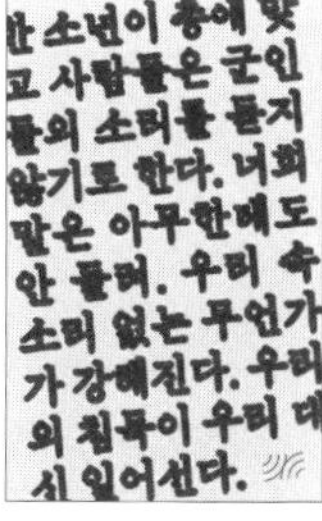

  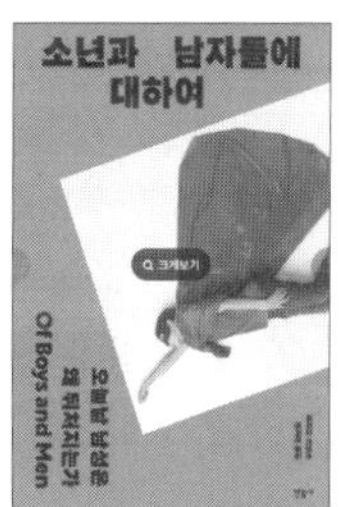

『작고 소박한 나만의 생업 만들기』, 이토 히로시 지음, 지비원 옮김, 메멘토

사람은 생산물, 생산관계에서 멀어질 때 소외된다. 소외된 삶은 우울하고 무기력하다. 삶과 일을 통합하려 한 유쾌한 시도가 있다. 전문가가 될 필요는 없다. 생업인이 되자.(손민규)

『장애학의 시선』, 김도현 지음, 오월의봄

『장애학의 도전』 이후 6년 만의 김도현 신작. 장애가 왜 관계와 정치의 문제인지, 장애 문제에 왜 이 사회의 모든 구성원이 필연적으로 얽힐 수밖에 없는지 친절히 설명한다.(김경영)

『화내며 살기엔 인생이 너무 짧다』, 이진우 지음, 추수밭

화내기엔 짧은 인생이고 나아질 게 없다. 니체 권위자 이진우 철학자가 이번 책에서는 스토아 철학에 주목한다. 화라는 부정적인 감정과 정면으로 대면했던 세네카를 깊게 읽는다.(손민규)

『듣지 않는 자들의 공화국』, 일리야 카민스키 지음, 박종주 옮김, 가망서사

명령을 듣지 못했던 농인 소년이 총살당하고, 마을은 군인에 맞서 듣지 않는 저항을 하기로 한다. 전쟁 속에서 저항하며 사는 사람들에 대한 아름답고 비극적이며 결연한 서사시.(김경영)

『두려움이란 말 따위』, 아잠 아흐메드 지음, 정해영 옮김, 동아시아

멕시코를 암흑으로 물들인 마약 카르텔에 딸을 납치당한 엄마 미리암이 그들을 추적·응징하는 과정을 취재한 르포. 영화 〈테이큰〉의 리암 니슨보다 더 영웅 같은 어머니상의 탄생.(김경영)

『소년과 남자들에 대하여』, 리처드 리브스 지음, 권기대 옮김, 민음사

학업에서부터 일자리까지 남자들이 뒤처지고 있다. 일부 젊은 남자는 분노하고, 나머지 일부는 무기력하다. 무엇이 문제고 앞으로 남자는 어떻게 살아야 할까.(손민규)

**『먼지가 가라앉은 뒤』, 루시 이스트호프 지음,
박다솜 옮김, 창비**

재난 복구 전문가 루시 이스트호프는 재난 뒤
가장 먼저 무너진 마음을 일으키는 것이 '작은
돌봄'임을 말한다. 아무도 보지 않아도 그 손길
하나가 사람을 다시 세상으로 이끈다.(이현진)
재난 복구 전문가인 저자는 재난이 할퀴고 간
상처를 드러내며 개인과 사회가 어떻게 이를
돌봐야 하는지 짚어 준다. 먼지가 가라앉은
뒤, 저자가 구상하는 희망은 투명하고
구체적이다.(한지수)

『육아포비아를 넘어서』, 이미지 지음, 동아시아

출생률 꼴찌 대한민국. 아이 4명을 키운 워킹맘,
이미지 기자는 돈 문제가 근본 원인이 아니라고
말한다. 우리 사회는 그럭저럭 살 만한 나라이기
때문이다. 진짜 원인은 심리다.(손민규)

**『욕망하는 기획자와 보이지 않는 고릴라』,
이규철 지음, 그래도봄**

짧은 시간 안에 다른 사람을 설득해야 하는
일, 광고 기획. 광고 만드는 사람이 쓴 책은
강렬하다. 경제학, 심리학 개념과 일상이
함께 어우러진 글은 독자의 마음을 편하게
해준다.(손민규)

**『죽음정치』, 아쉴 음벰베 지음, 김은주·강서진
옮김, 동녘**

근대 권력이 죽음을 결정하는 힘으로 작동함을
분석하는 아벰베의 역작. 민주주의의 퇴보와
이탈, 폭력, 배제와 분리, 혐오와 증오의 정치가
작동하는 방식을 폭로한다.(김경영)

**『빛을 먹는 존재들』, 조이 슐랭거 지음, 정지인
옮김, 생각의힘**

아무 기능도 하지 못하고 멈춰 있는 상태를
인간들은 식물에 비유하고는 하지만 인간이
간과해 온 식물의 능력들은 경이롭다. 식물
지능에 관한 연구를 집대성해 정리한 책.(김경영)
움직임이 느리다는 이유로 식물들은 너무 많은
오해를 받아 왔다. 첨단 생명 과학이 밝혀낸
'식물 지능'이라는 패러다임으로 지구 생명체
전체 생물량의 80%를 차지하는 묵묵한 다수와
친해져 보자.(한지수)

**『차별하지 않는다는 착각』, 홍성수 지음,
어크로스**

국적, 연령, 인종, 성별 등으로 나와 남을 가른다.
구분은 차별로 이어진다. 차별이 나쁜 건,
혐오와 폭력으로 발전해서다. 노키즈존, 난민,
여성 고용 등 차별과 맞서는 책.(손민규)
저자는 우리가 '차별하지 않는다'고 믿는 순간
차별이 더 깊어진다고 말한다. 혐오와 배제가
일상에서 어떻게 자라나는지 짚어 내며,
공존을 위해 무엇을 직시하고 바꿔야 하는지
묻는다.(이현진)
이 정도면 차별에 대해 알 만큼 안다고 자만했다.
책을 읽으며 여러 번 마음이 뜨끔했다. 다양한
사례로 일상 속 차별을 조목조목 짚어 낸 인권
감수성 일타 강사 홍성수 교수의 신간.(한지수)

『질서 없음』, 헬렌 톰슨 지음, 김승진 옮김, 윌북

전쟁, 무역 갈등, 극우화 등 질서가 무너지고
있다. 이유를 알아야 더 나은 세계를 상상할
수 있다. 에너지, 경제, 민주주의라는 3가지로
분석한 무질서의 기원.(손민규)

**『나는 미쳐가고 있는 기후과학자입니다』,
케이트 마블 지음, 송섬별 옮김, 웅진지식하우스**

기후학자들은 웅장한 재난의 예감을 어떻게
견디고 있을까. NASA 출신의 연구자 마블은
소용돌이치는 감정을 숨기지 않고 드러내며
과학자로서 들려주고 싶은 이야기들을 모두
풀어낸다.(김경영)

『붉은 겨울이 온다』, 정수종 지음, 추수밭

정수종 교수는 자연이 보내는 낯선 풍경에서
기후위기의 진짜 얼굴을 읽어 낸다. 일상의
균열에서 세계의 변화까지 우리가 놓친
신호를 되짚으며 무엇을 바꿔야 하는지 묻는
책이다.(이현진)

**『중독은 뇌를 어떻게 바꾸는가』, 저드슨 브루어
지음, 최호영 옮김, 알에이치코리아**

소중한 삶에서 많은 시간을 나쁜 습관에
허비하고 있다. 중독 전문가 저드슨 브루어는
중독에서 벗어나는 방법을 소개한다. 뇌의 작동
방식을 알아차리면 문제 해결!(손민규)

『작은 정복자들』, 에리카 맥앨리스터·에이드리언 워시번 지음, 김아림 옮김, 곰출판

곤충은 인간이 존재하기 한참 전부터 지구에 거주했으며, 지금도 전체 동물 종의 75% 이상을 차지한다. 인류 문명의 발전에 영감을 준 다양한 곤충의 생태를 다룬 책으로 표지가 매우 아름답다.(한지수)

『구불구불 빙빙 팡 터지며 전진하는 서사』, 제인 앨리슨 지음, 서제인 옮김, 에트르

패턴에 집착하는 저자가 자연에서 온 패턴으로 해석한 소설의 구조에 관한 책. 전통적 호구조에서 벗어나 해석한 이 서사들은 여성적이고, 자연적이고, 실제 삶에 가깝게 느껴진다.(김경영)
저자는 자연에서 차용한 비선형의 모형으로 이야기 구조를 설명하는 대안적인 틀을 짜려 한다. 전통적 서사 구조를 따르지 않는 소설이 어렵게만 읽혔다면 이 책에서 답을 찾아 보라.(한지수)

『나를 갈라 나를 꺼내기』, 하미나 지음, 물결점

나를 계속 다치게 하는 무언가를 끝없이 사랑할 수 있을까. 과학과 비과학, 머리와 몸, 이성과 광기를 모조리 통과하며 전진하는 앎을 향한 러브레터. 그의 편지는 아주 멀리까지 닿을 것이다.(한지수)

『다른 우주의 문법』, 백승주 지음, 김영사

이 책을 읽는 동안 어떠한 종교적 경험을 했다. 끝까지 읽었지만 이 책의 탁월함을 설명할 마땅한 단어를 찾지 못했다. 물처럼, 꿈처럼, 춤처럼 넘실대는 언어학자의 아름다운 글.(한지수)

『실패를 통과하는 일』, 박소령 지음, 북스톤

10년간 퍼블리를 이끌며 겪은 선택과 실패, 흔들림을 가감 없이 기록한 책. 그 시간을 통과하며 '나는 누구인가'를 묻는 그의 성찰은 같은 길을 걷는 이들에게 깊은 위로가 된다.(이현진)

『제임스』, 퍼시벌 에버렛 지음, 송혜리 옮김, 문학동네

『허클베리 핀의 모험』을 짐의 관점으로 재서사화해 마크 트웨인이 구축한 시선의 권력을 근본부터 뒤흔든다. '말하지 못하게 된 자의 실제 언어'를 되찾는 강렬한 전복의 문학이다.(이현진)

『경성풍경』, 김상엽 지음, 혜화1117

미술사학자 김상엽 10년 연구의 총결산인 이 책은 지도와 사진 1,300여 장을 수록했다. 대한민국 근현대사, 근대 건축과 공간이 궁금한 독자라면 꼭 소유해야 할 역작.(손민규)

『모두를 위한 디자인은』, 김병수 지음, 휴머니스트

소외된 사용자의 경험으로 중심축을 옮겨 다시 그린 일상은 당황스럽게 낯설다. 모두를 위한 디자인은 결국 나를 위한 디자인이다. 다양한 몸이 환대받는 공간을 위한 적극적인 지지가 필요한 때.(한지수)

노벨 문학상 수상 1주년 기념

빛과 사랑을 향해 온 한강의 문학세계를
단 한권으로 망라하는 한강 평론의 결정판!

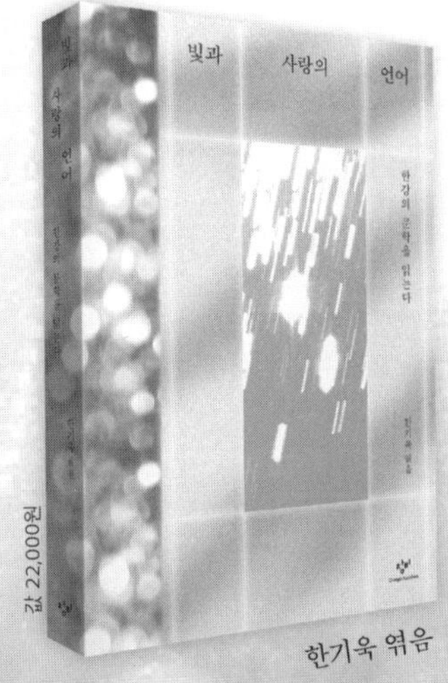

"노벨 문학상이 한강을 빚냈지만,
역으로 한강 문학이 노벨 문학상의
격을 높인 면도 있다."

한기욱 문학평론가

**깊이 있는 여덟편의 평론과 대담,
그리고 한강 인터뷰 수록**

빛과 사랑의 언어
한강의 문학을 읽는다

한강 작가의 노벨 문학상 수상 1주년을 맞아 한강의 문학세계를 총체적으로 조명한
평론집. 한강의 작품세계를 해설하는 여덟편의 평론과 대담, 그리고 인터뷰가 실렸다.
경향신문

한강과 동시대를 살아가는 비평가들은 한강의 문학에서 무엇을 포착했을까. 한강 초
기 소설부터 최근작까지 다양한 작품을 저마다의 키워드로 꿰뚫는다. **서울신문**

창비
Changbi Publishers

"인간은 어떤 동물인가?"
이 물음 앞에서 역사는 다시 시작된다

**형이상학의 종말, 전쟁과 학살,
그 폐허 위에서 다시 인간을 불러낸 네 철학자의 기록**

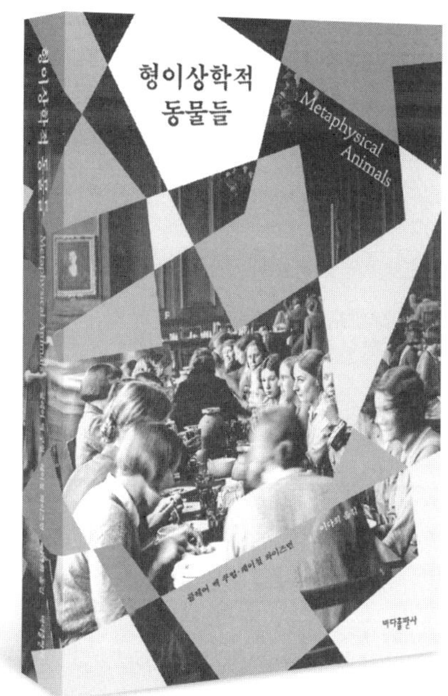

형이상학적
동물들

클레어 맥 쿠얼 · 레이철 와이즈먼 | 이다희 옮김 | 568쪽 | ISBN 979-11-6689-385-8　바다출판사

"철학을 다시 살아 있는 것으로 만든 사유의 연대기"
—전미도서비평가협회

"형이상학적 동물들, 그것이야말로 우리가 인간으로서 속해 있는 종種이다."
—김겨울

사월의눈 사진책
리듬 총서 2

리듬총서는 세계 혹은 한국에 크거나 작은 단위로
존재하는 지역의 리듬을 포착한다. 리듬총서는 행정 구역
단위를 너머 지역을 상상하고, 품고, 다시 그리고자 한다.
리듬총서는 그 어떤 지역도 하나의 이미지로 고정될 수
없다는 믿음에서 시작한다.

사진. 최요한
인포그래픽. 이상현
글. 최요한, 이상현, 전가경, 정재완
사진 292장. 인포그래픽 11장. 328쪽
ISBN 979-11-89478-26-1 (03660)
50,000원

작가는 서울 구로동, 대림동, 동대문, 이태원, 의정부, 동두천,
평택, 대구 논공, 김해 등지에서 1년 반 동안 한국의 다국어
경관을 수집했다. 중국어 간체자, 러시아어 키릴문자, 싱할라
문자에 이르는 거리 글자들 뿐만 아니라 미군 부대 주변 상권의
영문 로마자도 대상이었다. 이 글자들은 한국 '원'주민들은
미처 지각하지 못하는 어떤 무의식을 표상한다.

사월의눈
웹사이트 aprilsnow.kr
인스타그램 aprilsnow_press

"범죄자의 작품에
　상을 주어도 되는가?"

"작품의 우수성과
　작가의 도덕성을
　따로 보아야 하는가?"

"폴란스키, 마츠네프,
　블랑쇼, 하이데거,
　한트케, 고은, 친일파…
　이들의 작품을 높이
　평가해도 되는가?"

"작가와 작품을
　분리할 수 있는가?"

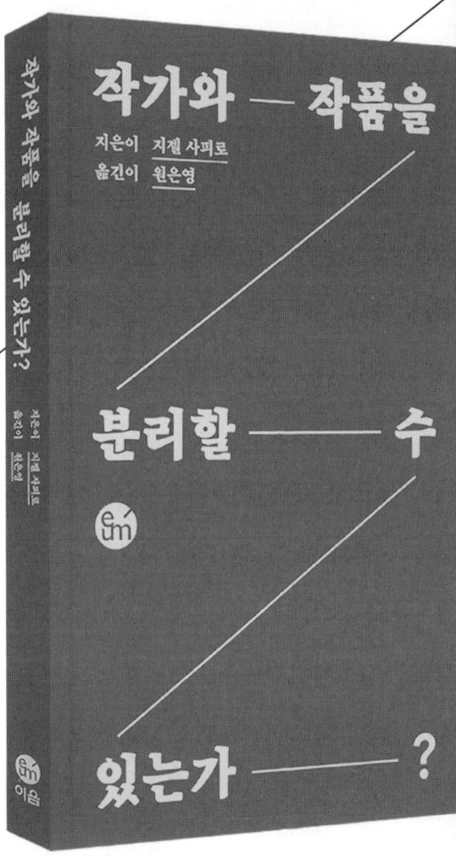

"강간과 성폭행으로 남녀 창작자들이 비난받을 때,
　일반적으로 이러한 비난을 창작의 자유에 대립하는 것으로
　본다. 물론 창작의 자유는 이데올로기 강요나 경제적
　압박으로부터 보호되어야 한다. 그러나 창작의 자유가
　타인을 해할 자유로 정의된 적은 단연코 없다." ― 책 속에서

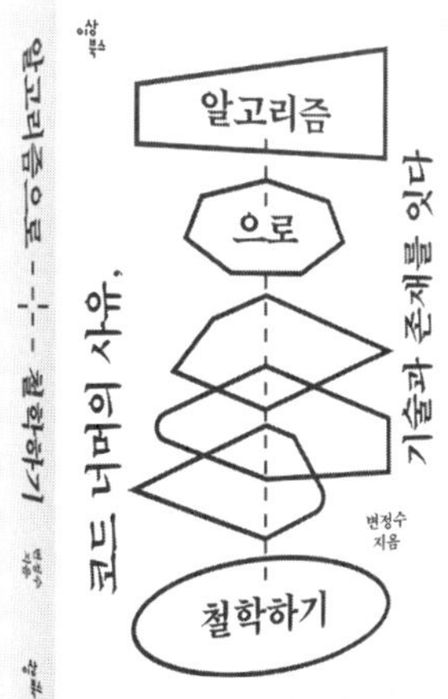

2025년 세종도서 교양 부문 선정

이제 철학은 코드 속에서 질문을 던진다
사고를 리셋하고, 철학을 업데이트하라!

알고리즘은 우리 삶을 조직하고,
사회를 설계하며,
존재의 방식을 다시 구성한다.
이 책은 그 거대한 흐름을
철학적으로 비판하고 사유한다.

변정수 지음 | 376쪽 | 26,000원

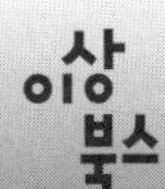

사월의눈 사진책
리듬 총서 4

리듬총서는 세계 혹은 한국에 크거나 작은 단위로
존재하는 지역의 리듬을 포착한다. 리듬총서는 행정 구역
단위를 너머 지역을 상상하고, 품고, 다시 그리고자 한다.
리듬총서는 그 어떤 지역도 하나의 이미지로 고정될 수
없다는 믿음에서 시작한다.

사진. 임효진
글. 임효진, 전가경
사진 371장. 520쪽
120(w) × 180(h) × 38(d)mm
ISBN 979-11-89478-28-5 (03660)
43,000원

이 책은 서울 중구 소공동에서 신당동까지 약 3km 직선을
따라 펼쳐지는 을지로 일상을 기록한 사진집이자, 일종의
'을지로 질감 채집록'이다. 조선시대 약업 중심지였고 근현대
산업화의 축약판이기도 한 을지로의 역사·산업적 맥락을
배경으로, 임효진은 행인과 비둘기, 철거 현장, 공사장, 간판 등
을지로의 다양한 장면을 날것 그대로 포착한다. 그의 사진에는
해학과 연민이 공존하며, 익숙한 풍경을 낯설게 바라보게 하는
비규범적 접근이 드러난다. 사진 사이사이에 자리한
아홉 편의 콩트는 실제 신문 기사에서 모티프를 얻어
쓴 것으로, 을지로의 시간과 공간을 과거와 현재, 허구와
사실이 뒤섞인 제3의 지대로 옮긴다.

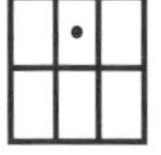

사월의눈
웹사이트 aprilsnow.kr
인스타그램 aprilsnow_press

자유론

On Liberty

존 스튜어트 밀 지음 | 서병훈 옮김 | 마농지

**진보적 자유주의의 사상적 토대를 세운 영원한 고전
밀 연구 권위자 서병훈 번역본, 출간 20주년 개정판**

다수의 의견은 언제나 옳은가?

사회는 개인의 자유를 어디까지 제한할 수 있는가?

진영논리의 시대, 왜 오늘 '자유론'을 읽어야 하는가?

"밀의 말은 우리 자신의 문제와 관련이 있다."

—이사야 벌린

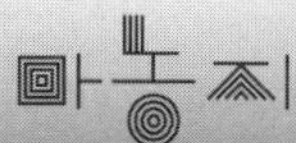

라틴아메리카의 열린 혈맥

라틴아메리카 500년 수탈의 역사

에두아르도 갈레아노 지음 | 조구호 옮김 | 알렙

**출간 50주년 기념 스페셜 에디션을 저본으로 한
스페인어 최초 완역본**

"위대한 문학 작품은 의식을 일깨우고, 사람들을
연결시키며, 해석하고 설명하며, 고발하고 기록하
변화를 유도한다."

—이사벨 아옌데

서울
리뷰 오브
북스

Seoul
Review of
Books
2025 겨울

20

발행일	2025년 12월 15일
편집위원	강예린, 권석준, 김홍중, 박진호, 선우훈, 송지우, 신형철, 유정훈, 전은지, 정우현, 정재완, 조문영, 현시원
자문위원	권보드래, 김영민, 박훈, 이석재, 홍성욱
편집장	김두얼
책임편집	현시원
편집	오병현
디자인	정재완
제작	(주)대덕문화사
발행인	조영남
발행처	알렙
등록일	2020년 12월 4일
등록번호	고양, 바00044호
주소	경기도 고양시 일산서구 중앙로 1455 대우시티프라자 715호
전자우편	seoulreviewofbooks@naver.com
웹사이트	www.seoulreviewofbooks.com
ISSN	2765-1053 54
값	15,000원

© 알렙, 2025

이 책에 실린 글과 사진은 저작권법에 의해 보호를 받는
저작물이므로 사전 협의 없이 무단으로 사용할 수 없습니다.

구독 문의	seoulreviewofbooks@naver.com
정기구독	60,000원 (1년/4권) → 50,000원(17% 할인) 자세한 사항은 QR코드를 스캔해 주세요.

광고 문의	출판, 전시, 공연 등 다양한 영역에서 서울리뷰오브북스의 파트너가 되어 주실 분들을 찾습니다. 제휴 및 광고 문의는 seoulreviewofbooks@naver.com로 부탁드립니다. 단, 서울리뷰오브북스에 실리는 서평은 광고와는 무관합니다.